Nachhaltiges Wohnen

Dominique Gauzin-Müller

Nachhaltiges Wohnen

25 internationale Beispiele

Birkhäuser – Verlag für Architektur
Basel · Berlin · Boston

Für unsere Kinder, Florence und Thibaut,
die mit einem Lächeln akzeptieren, dass Ökologie eine tragende Rolle
in unserem Familienleben spielt.

Für sämtliche Gestalter ökologischer Architektur
mit meiner Bewunderung für ihr Engagement.

Mein Dank gilt den Editions du Moniteur für das seit 20 Jahren entgegengebrachte Vertrauen, insbesondere dem Verleger Frédéric Lenne, und Valérie Thouard für ihre Professionalität, ihre konstruktive Kritik und das stets freundschaftliche Arbeitsklima; die Zusammenarbeit mit ihr an diesem nun schon vierten gemeinsamen Buch war wie immer ein Vergnügen.

Mein Dank gilt ebenfalls den Planern der in diesem Werk vorgestellten Häuser und ihren Mitarbeitern für den freundschaftlichen Austausch und die Geduld, mit der sie meine unzähligen Fragen beantwortet haben.
Dr. Suzanne Déoux danke ich für die freundliche Genehmigung, unser Gespräch zum Thema Wohnen und Gesundheit in diesem Werk zu veröffentlichen.
Françoise Fromonot danke ich für ihre Hilfe bei der Beschreibung des Hauses von Glenn Murcutt und Wendy Lewin in Sydney sowie für die Erlaubnis, Bilder aus ihrem Buch zu veröffentlichen.

Ich danke Emmanuel Caille, dem Chefredakteur von *D'Architectures*, der uns freundlicherweise die Zeichnungen von Glenn Murcutt zur Verfügung gestellt hat.
Marco Moro und Sergio Sabbadini danke ich für ihre Unterstützung bei der Vorbereitung des Textes über das Haus von Pietro Carmine.
Marika Frenette danke ich für ihre Ratschläge in Zusammenhang mit dem Stadthaus in Montreal und dem Ferienhaus auf Orcas Island.
Bruno Peuportier danke ich für die Erlaubnis, seine Zeichnungen von transparenten Wärmedämmungen zu verwenden.
Michael Faulhaber vom Ingenieurbüro sun-trieb danke ich für seine Erläuterungen zu den technischen Anlagen des Hauses in Gießen.
Mein Dank gilt auch dem Schweizer Ingenieur Konrad Merz und dem brasilianischen Ingenieur Helio Olga, durch die ich mehrere Holzbauprojekte kennen lernte, die in diesem Buch veröffentlicht sind.

Ich danke Michelle und Raoul Gauzin, die unermüdlich meine Texte durchlasen, für ihre Ratschläge und Ermutigungen.
Weiterhin danke ich Serge Sidoroff, Philippe Madec, Daniel Fauré, Christian Charignon, Guy Archambault und den anderen Mitgliedern des informellen Netzwerks *créatifs culturels du bâti* für ihre großzügige Informationsbereitschaft und ihre freundschaftlich-humorvollen Nachrichten.

Graphische Gestaltung
Isabel Gautray
Christine Dodos-Ungerer

Umschlaggestaltung
Alexandra Zöller

Übersetzung aus dem Französischen
Marco Braun

Redaktion
Christian Rochow

Bildverarbeitung
FAP

Druck
Chirat

Dieses Buch ist auch in englischer Sprache erschienen.
(ISBN 13: 978-3-7643-7467-9, ISBN 10: 3-7643-7467-5)

Bibliografische Information Der Deutschen Bibliothek
Die Deutsche Bibliothek verzeichnet diese Publikation in der Deutschen
Nationalbibliografie; detaillierte bibliografische Daten sind im Internet über <http://dnb.ddb.de> abrufbar.

© 2006 Birkhäuser – Verlag für Architektur,
Postfach 133, CH-4010 Basel, Schweiz
Ein Unternehmen von Springer Science+Business Media
© 2005, Groupe Moniteur, Editions du Moniteur, Paris, für die Originalausgabe
Gedruckt auf säurefreiem Papier, hergestellt aus chlorfrei gebleichtem Zellstoff. TCF ∞

Printed in France

ISBN 13: 978-3-7643-7466-2
ISBN 10: 3-7643-7466-7

9 8 7 6 5 4 3 2 1
http://www.birkhauser.ch

Die französische Ausgabe dieses Buches ist erschienen unter dem Titel „25 Maisons écologiques" bei den Editions du Moniteur, 17, rue d'Uzès, 75108 Paris Cedex 02, Frankreich.

Inhalt

Wohnen und Ökologie

Wohnen und Ökologie: Internationale Tendenzen

In der ersten Hälfte des 20. Jahrhunderts begünstigte das Aufkommen des Modernismus in den meisten Teilen der Welt die allgemeine Anwendung eines internationalen Stils, der es unter anderem unterließ, auf klimatische Bedingungen und regionale Eigenarten einzugehen. Nur wenige Architekten machten damals auf die Gefahren aufmerksam, die in einer radikalen Entfremdung von Natur und Tradition lagen, und kämpften, wie Frank Lloyd Wright und Christian Norberg-Schulz für die Werte des *genius loci* oder, wie Alvar Aalto, für den Respekt vor den „kleinen Leuten". Ihre unumstritten „modernen" Gebäude, häufig aus Stein und Holz gebaut, entwuchsen dem Baugrund dennoch mit der Selbstverständlichkeit eines aus den örtlichen Bedingungen hervorgegangenen Elements.

Bioklimatische Prinzipien

Nach dem Zweiten Weltkrieg kamen im Zuge des wirtschaftlichen Wachstums in den Industrienationen nach und nach technische Einrichtungen zum Einsatz, die den Komfort der Nutzer im Sommer wie im Winter sichern sollten. In den 1960er Jahren begannen einige Fachleute jedoch schon, sich für organische Wohnformen einzusetzen, bei denen die Sonneneinstrahlung nutzbar gemacht wurde. Während der Energiekrise der 1970er Jahre führte der steigende Erdgas- und Rohölpreis erstmals zu einem Bewusstsein für die Endlichkeit natürlicher Ressourcen und die Gefahren durch Umweltverschmutzung. Die Ablehnung eines verschwenderischen Umgangs mit Rohstoffen und fossilen Energieträgern führte einige Architekten dazu, die Leistungen traditioneller Bauformen im Hinblick auf ortspezifische und klimatische Gegebenheiten zu untersuchen. Diese Forschungen führten zur Definition bioklimatischer Prinzipien, durch die der Energiebedarf in Wohnhäusern reduziert und der Komfort auf passive Weise gesichert werden konnten, dank einer angemessenen Wahl des Ortes, der Ausrichtung, der Form des Gebäudes und seiner Fortsetzung im Außenraum, der Materialien und der umgebenden Vegetation.

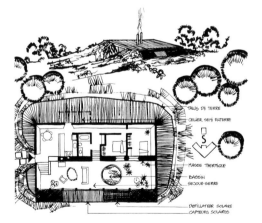

Beispiel eines Solarhauses aus den 1970er Jahren: Das Glashaus von David Wright.

Von einer intuitiven Vorgehensweise zu Auswertungstabellen

Das bioklimatische Verfahren, welches das Baugelände berücksichtigt, ist in einem gewissen Maß intuitiv. Anfang der 1990er Jahre wurden erstmals Tabellen zur „objektiven" Auswertung ökologischer Gebäudeeigenschaften entwickelt: das *Green Building Tool* in Nordamerika, die *Building Research Establishment Environmental Assessment Method* (Breeam) in Groß-britannien, die Verfahren des HQE® in Frankreich usw. Diese Auswertungstabellen mit multiplen Kriterien sind an das ISO 14001-Verfahren angelehnt und gelten im Allgemeinen in Verbindung mit einem Umweltmanagement. Häufig für öffentliche Einrichtungen und Bürogebäude entwickelt, finden diese Tabellen jedoch auch im Wohnungsbau oder bei Eigen-heimen Anwendung. Die Untersuchung des Hauses mit Büro von Sarah Wigglesworth in London (siehe Seite 118) wurde dagegen bewusst auf empirische Weise geführt, ohne Analyse-tabellen oder umfangreiche Berechnungen. Die Wahl einer preisgünstigen und leicht zu ersetzenden Membran als Außenhaut ist beispiel-haft für eine Bauart, bei der das Gebäude in mehrere Funktionen zergliedert wird und bei der die einzelnen Bestandteile eine unterschiedliche Lebensdauer aufweisen: das Tragwerk eine lange, Innen- und Außenverkleidung hingegen eine kürzere. Das holistische Verfahren, das ebenfalls auf Tabellen verzichtet, angewandt durch den italienischen Architekten Pietro Carmine in seinem

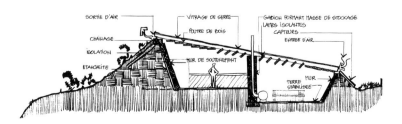

Haus (siehe Seite 114), widerspricht jenem Prinzip: Es bevorzugt „edle" Materialien, die mit dem Ziel einer langfristigen Multifunktionalität ausgewählt werden.

Eine durchdachte Architektur zwischen Low-tech und High-tech

Die Forschungsrichtungen haben sich nach und nach ausdifferenziert: Je nach Empfinden und Erfahrungen werden ökologische, soziale, kulturelle oder wirtschaftliche Aspekte der umweltbewussten Verfahren betont. Drei Haupttendenzen entwickeln sich heute parallel zueinander: Low-tech, High-tech und eine durchdachte Architektur, die versucht, zwischen beiden einen vernünftigen Mittelweg zu gehen. Von der industriellen Forschung unterstützt, ist der High-tech hauptsächlich auf eine Optimierung des Energieverbrauchs durch aufwändige technische Einrichtungen ausgerichtet (siehe Infokasten Seite 13). Die Verfechter des Low-tech dagegen setzen auf einen sparsamen Einsatz der Mittel und die Aufwertung traditioneller Fertigkeiten, wie etwa Antonius Lanzinger (siehe Seite 124). Oftmals von einem starken sozialen Anspruch motiviert, stehen für sie das Wohlbefinden der Nutzer, gesundes Wohnen und der Selbstbau im Mittelpunkt. Zwischen diesen beiden Tendenzen zeichnet sich immer deutlicher ein dritter, weniger militanter und pragmatischerer Weg ab, bei dem auf innovative Anlagen zur Ergänzung bioklimatischer Maßnahmen nicht verzichtet wird und der Mensch im Mittelpunkt steht. Besonders in Vorarlberg, einem kleinen Bundesland im Westen Österreichs, entstehen seit den 1980er Jahren viele überzeugende Beispiele dieser räsonablen Architektur. Die Akteure dieser Baukunst sind zweifellos die „kulturellen Kreativen" des von Paul Ray und Sherry Anderson[1] beschriebenen gesellschaftlichen Wandels. Die Häuser von Wolfgang Ritsch (siehe Seite 68) und von Dietrich und Untertrifaller (siehe Seite 52) sind repräsentativ für einen kritischen Regionalismus und zeugen von einem Gleichgewicht zwischen Tradition und Moderne.

Passive Maßnahmen und technische Einrichtungen zur Einsparung von Energie

Die Weltklimakonferenz von Rio de Janeiro im Jahre 1992 und die Förderung einer nachhaltigen Entwicklung haben einen Prozess in Gang gesetzt, der zur allgemeinen Verbreitung ökologischer Grundsätze in zahlreichen Wirtschaftsbereichen geführt hat, insbesondere auch im Baugewerbe. In europäischen Industrieländern mit kontinentalem (Deutschland, Österreich, die Schweiz) oder nordischem Klima (Skandinavien, Finnland) werden verstärkt Maßnahmen bei der Wärmedämmung an der Außenhaut systematisch mit optimierten technischen Einrichtungen verknüpft. Dieser Einsatz für eine Senkung des Energieverbrauchs und die Entwicklung erneuerbarer Energien ist industriellen und politischen Entscheidungen zu verdanken. Derartige Zukunftsinvestitionen werden von Unternehmen unterstützt, die hoffen, von ihrem technologischen Vorsprung zu profitieren, weil der Markt für ökologische Produkte und Verfahren unweigerlich und wahrscheinlich bald einen Aufschwung erleben wird. Die USA und die Länder Europas mit einem milderen Klima (Spanien, Frankreich, Italien) haben begonnen, Maßnahmen zu ergreifen, um ihren Rückstand aufzuholen, wobei der Wohnkomfort im Sommer und die natürliche Klimatisierung im Vordergrund stehen.

[1] L'Émergence des créatifs culturels. Enquête sur les acteurs d'un changement de société, éditions Yves Michel, Barret-le-Bas, 2001.

9

Zwischen Tradition und Moderne, die durchdachte Architektur des Vorarlberg: Haus in Schwarzenberg, Österreich 1999; Architekten: Helmut Dietrich und Much Untertrifaller.

Beispiel für Glenn Murcutts „Wohnen in der Landschaft": Haus Meagher in Bowral, Neusüdwales, Australien, 1992.

Wohnen in der Landschaft

In Australien, einem dünn besiedelten Kontinent mit tropischem und Wüstenklima, stellen sich andere Probleme. Die Bestrebungen konzentrieren sich hier darauf, mit den Wohnbauten möglichst gering in die natürliche Umwelt einzugreifen. Da die großen Entfernungen zwischen den Gebäuden die systematische Anbindung an ein Versorgungsnetz ausschließen, wird auf die Autonomie bei der Wasser- und Energieversorgung und auf eine Reduzierung von Abfällen gesetzt, wie bei dem Haus von Peter Stutchbury (siehe Seite 102). Wenn dieses Land heute besonders viele Beispiele für ökologische Häuser besitzt, dann ist das Glenn Murcutt zu verdanken, der seit 40 Jahren überzeugende Lösungen zu den vier Aspekten nachhaltiger Entwicklung liefert – dem ökologischen, sozialen, wirtschaftlichen und kulturellen. In Australien und weit darüber hinaus hat er mehrere Generationen von Architekten beeinflusst und ihnen anhand seiner Realisierungen seinen Respekt für die Landschaft vermittelt: „In der Natur bestimmt der Ort die Formen: Warum also nicht auch in der Architektur?" Wirtschaftlichkeit ist ein weiteres Leitmotiv für ihn: „Verschwendung ist unmoralisch."[2] Dass sein Werk 2002 mit dem Pritzker-Preis ausgezeichnet wurde, ist eine Ermutigung für all jene, die für eine „authentische" Architektur kämpfen.

Partizipation und soziale Eingliederung

In den Entwicklungsländern ist ökologisches Wohnen oft ein Synonym für Partizipation und soziale Eingliederung. Zahlreiche Organisationen in Asien und Lateinamerika vermitteln der Bevölkerung die Technik des Lehmziegelbaus. So können diese Menschen zunächst Häuser im Selbstbau errichten, die ihren Lebensbedingungen angepasst sind, und später weitere Bauten realisieren und ein Unternehmen gründen. Mithilfe von Sandsäcken, die durch Kalk oder Zement stabilisiert sind, unterstützt das kalifornische Institut Cal Earth Familien beim Bau von erdbebensicheren „Öko-Kuppeln". In Ländern mit häufigen Hitzeperioden ist Trinkwasser ein kostbares Lebensmittel. Die Speicherung des Regenwassers für Haushaltszwecke ist daher lebensnotwendig, ebenso wichtig ist die Gartenbewässerung mit gefilterten Abwässern aus Stabilisierungsteichen. In Indien wurden mehrere Projekte initiiert, in denen ein gesteuerter Wasserkreislauf mit photovoltaischen Solaranlagen, die den notwendigen Strom für Kochherd und Beleuchtung liefern, verbunden wurde, so etwa das Barefoot College von Bunker Roy in der Wüste von Rajasthan oder die Häuser von Chitra Vishwanath in Bangalore (siehe Seite 144). In China sind die Gegensätze extrem: Wie viele Opportunisten bieten aus Unkenntnis des örtlichen Kontexts schlechte Lösungen an, während jemand wie Yung Ho Chang auf die Gefahren der zügellosen Urbanisierung und den damit einhergehenden Identitätsverlust aufmerksam macht (siehe Infokasten Seite 42)?

Wohnraumverdichtung und Durchmischung von Wohnen und Arbeiten

Selbst wenn die Mehrheit der Bevölkerung vom Eigenheim träumt (beispielsweise 80 % der Franzosen nach einer 2005 in *Le Monde* veröffentlichten Umfrage), ist die Frage berechtigt, ob dieser Bautyp als Wohnform „vertretbar" ist, insbesondere in stark besiedelten Regionen. 75 % der europäischen Bevölkerung leben in Städten, und die Zahl der Metropolen mit über

[2] Auszug eines Artikels von Françoise Fromonot, *D'Architectures*, Nr. 132, Oktober 2003.

Häuser aus Plastikflaschen. In Honduras hat die Organisation Eco-tec (www.eco-tecnologia.com) eine Technik für den Bau von Häusern und Regenwasserspeichern aus Plastikflaschen entwickelt, die von den zukünftigen Bewohnern mit einem Gemisch aus Erde, Sägespänen und Bausand gefüllt werden. Mit dieser von Andreas Froese initiierten Methode, die die Teilnahme der Bewohner erfordert, werden Abfälle durch direktes Recycling genutzt.

Das erste von Eco-tec fertig gestellte Haus wurde mit einem begrünten Dach versehen.

10 Millionen Einwohnern nimmt weltweit zu. Um die Ausbreitung der Städte und die Zersiedelung ländlicher Gebiete zu begrenzen, haben Regionen mit einer hohen Bevölkerungsdichte bereits Alternativen entwickelt, die durch die steigenden Grundstückspreise notwendig wurden: Doppel- und Reihenhäuser, über- oder nebeneinander angeordnete Eigenheime, Umbau oder Erweiterung bestehender Gebäude bei Optimierung des Energieverbrauchs und die Erschließung von Baulücken in Ortskernen. Diese verdichteten und dennoch menschengerechten Wohnmodelle wahren die Privatsphäre der Nutzer, während der Eingriff in die Umgebung so gering wie möglich gehalten wird. Sie sind in diesem Buch mit mehreren Projekten vertreten: energieeffiziente Reihenhäuser in der Schweiz (siehe Seite 74), Umbau und Erweiterung einer Villa in Sydney (siehe Seite 26) und ein Anbau für ein Haus in Montréal (siehe Seite 36). Wenn es die berufliche Tätigkeit erlaubt, bietet die Verbindung von Wohnen und Arbeiten in einem Gebäude eine Alternative zu Stress und Umweltbelastungen im Berufsverkehr. Neun der in diesem Buch vorgestellten Beispiele bieten eine Lösung für die Kombination der Wohnung mit dem Arbeitsplatz.

Architektonischer Minimalismus als Reaktion auf reduzierte gesellschaftliche Ansprüche

Durch Respekt vor der natürlichen Umgebung und Sparsamkeit mit Energie und Rohstoffen bietet eine räsonable Architektur pragmatische Lösungen für eine Besorgnis erregende Situation. Die wirtschaftliche Stagnation, die in den meisten Industrienationen festzustellen ist, bedeutet eine Umkehr der allgemeinen Tendenz, die während der dreißig Jahre des Wiederaufbaus, starken Wachstums und ungezügelten Konsums herrschte. Auf einem Planeten mit einer ständig wachsenden Bevölkerung, der von Umweltverschmutzung und der Erschöpfung natürlicher Ressourcen bedroht ist, wird eine gerechtere Verteilung der Reichtümer zur Notwendigkeit. Ist ein Einfamilienhaus, dessen Fläche weit über die Bedürfnisse hinausgeht, oder der Bau eines Ferienhauses mit einem ökologischen Ansatz vereinbar? Einige der in diesem Buch vorgestellten Beispiele zeugen diesbezüglich von wachsendem Bewusstsein: „Die nachhaltige Entwicklung verlangt nicht nur eine Weiterentwicklung unserer Gewohnheiten, sondern einen Umbruch in unserer Art, zu denken und zu handeln."[3]

[3] Philippe Madec, Architekt, Stadtplaner und Schriftsteller, Leiter des Masterstudiengangs „Architektur, nachhaltige und gerechte Entwicklung" an der École d'architecture von Lyon.

11

Reihenhäuser, eine Alternative zur Zersiedelung des Umlands. Diese in angelsächsischen Ländern mit hoher Bevölkerungsdichte schon lange praktizierte Bauweise beginnt sich in Frankreich unter dem Druck steigender Grundstückspreise zu entwickeln. Zwischen zwei Trennwänden aus Vollstein und Giebeln mit Holztragwerk bieten die Villas Vanille der Architekten Cusy et Marval eine Wohnfläche von 150 m² auf einem Grundstück von 250 m².

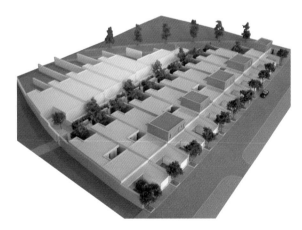

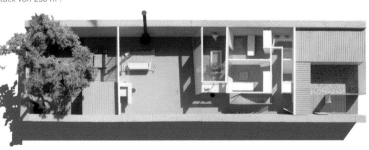

Pavillon in Australien, 1992: Glenn Murcutt hat einen Traktorschuppen umgebaut und dabei das Holz aus dem Abbruchmaterial wieder verwertet; großzügige Fensterfronten wurden in die alte Fassade integriert.

Die Vielfalt ökologischer Wohnformen

Die Formen ökologischer Architektur unterscheiden sich grundlegend je nach Topografie, Klima, den Ressourcen vor Ort, regionaler Kultur, dem Lebensstandard der Nutzer und den politischen Entscheidungen der Regierungen. Diese Vielfalt an Möglichkeiten ist im Übrigen nichts Neues: Untersuchungen an traditionellen Wohnhäusern zeigen, dass es viele Möglichkeiten gibt, dem Nutzer den gewünschten Komfort zu bieten und gleichzeitig die Integrität der Umgebung zu bewahren. Ohne die Vergangenheit überzubewerten, scheint es heute notwendig, ein Gleichgewicht zwischen Tradition und Moderne zu finden und durchdachte Wohnformen zu entwickeln, die funktional und komfortabel sind, wirtschaftlich mit Rohstoffen umgehen und die Umwelt im weitesten Sinne schonen.

Von der regionalen Baukunst zum bioklimatischen Haus

In der regionalen Baukunst drücken sich über Jahrhunderte erworbene Fertigkeiten aus, die von Generation zu Generation überliefert und verfeinert wurden. Es lohnt sich, ihre Lehren zu überdenken, sie weiterzureichen, aber auch sie fortzusetzen und weiterzuentwickeln. Regionale Architektur ist eine „Wissenschaft des Konkreten". Formen, Materialien und Techniken wurden vom Mikroklima und den Eigenschaften lokal vorhandener Rohstoffe bestimmt: Holzkonstruktionen in Waldregionen, Lehm- oder Backsteinbauten mit Ziegeldächern bei tonhaltiger Erde, Dachdeckungen aus Schiefer oder Sedimentgestein in schieferhaltigen Regionen, Mauerwerke aus Kalkstein, Sandstein oder Granit je nach Beschaffenheit des Unterbodens. Dank der Erfahrung der Vorfahren berücksichtigte die regionale Baukunst die Risiken und Gefahren, die in Verbindung mit dem Gelände und dem Klima auftraten: Überflutungszonen, Lawinenrinnen und dergleichen. Das bioklimatische Haus ist keine Nachahmung regionaler Architektur. Es schöpft seine Inspiration aus der sanften Eingliederung in die Landschaft, einem angemessenen Verhältnis zwischen Funktion und Nutzung und einem sinnvollen Einsatz der Materialien. Authentische Architektur kann nur in einer lebendigen Tradition existieren.

Was ist ein ökologisches Haus?

Ob Ferienhaus oder Hauptwohnsitz, ein ökologisches Haus ist zuallererst ein Gebäude, das den Wünschen und momentanen Bedürfnissen der Nutzer entspricht und die Zukunft berücksichtigt, indem die

Harmonische Eingliederung in die Wildnis:
Haus Reeve auf Orcas Island, Washington, USA, 2003; Architekten: Cutler Anderson.

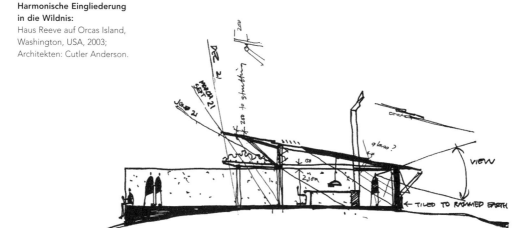

Das bioklimatische Haus stützt sich auf eine Analyse des Standorts:
Der Schnitt zeigt Ausblicke und die Sonnenstände für Sommer und Winter im Haus Meagher, Bowral, Neusüdwales, Australien; Architekt: Glenn Murcutt.

Nutzung des Wohnraums in unterschiedlichen Lebensphasen in die Planung einbezogen wird (siehe Infokasten Seite 84). Die übrigen Kriterien sind subjektiver Natur und variieren je nach Kontext, ob städtisch oder ländlich, dem geografischen sowie sozialen Umfeld und den finanziellen Möglichkeiten der Auftraggeber. Im Allgemeinen umfassen die Auswertungstabellen visuellen und akustischen Komfort sowie die Steuerung der Abfälle und des Wasserkreislaufs (siehe Seite 17). Die meisten Fachleute sind sich jedoch hinsichtlich der drei Hauptthemen nachhaltigen Bauens einig: Eingliederung in die Umgebung, thermischer Komfort im Winter wie im Sommer und eine überlegte Wahl der Materialien. Ob intuitiv geplant oder analytisch entwickelt, die Beispiele in diesem Buch zeigen jeweils interessante Lösungen für mindestens zwei dieser Aspekte.

Eingliederung in die Umgebung

Der sehr subjektive Begriff der Eingliederung in die Umgebung kann unterschiedlich interpretiert werden. Für die einen ist sie eine zeitgemäße Übertragung regionaler Bauformen, so bei der mediterranen Villa auf den Balearen (siehe Seite 46), sie kann aber auch bis zur perfekten Anpassung an das jeweilige Umfeld führen: Der mit Holz in Silbergrauschattierungen verkleidete Schuppen von Christian Gullichsen geht in seiner Umgebung aus Felsen und Kiefern auf (siehe Seite 22). Die Wohnstätte kann auch eine Höhlenwohnung oder teilweise unterirdisch sein, wie das Haus auf dem Causse de Gramat (siehe Seite 32). Die Notwendigkeit, auf die Umwelt Rücksicht zu nehmen, gilt jedoch nicht nur für Häuser, die in einer natürlichen Landschaft auf einem Boden mit empfindlichem Ökosystem stehen, wie der Zweitwohnsitz auf Orcas Island (siehe Seite 56). Sie ist ebenfalls geboten, wenn ein Gebäude in ein städtisches Gefüge integriert wird. So haben die Planer der Stadthäuser in Montréal (siehe Seite 36) und in Sydney (siehe Seite 26) ein zeitgemäßes Projekt behutsam in ein historisches Viertel platziert. Ob in der Stadt oder auf dem Land, die Planung beginnt stets mit einer Untersuchung der unmittelbaren Umgebung: Topografie, Zugänge, Ausblicke, Sichtschutz, vorhandene Vegetation, Sonneneinstrahlung und vorherrschende Winde. Diese Analyse muss jedoch um eine Untersuchung der örtlichen Ressourcen erweitert werden: der lokalen Vegetation, der Materialien, die in der näheren Umgebung zur Verfügung stehen, des regionalen Know-hows. Damals wie heute zehrt ein Architekturprojekt vom *genius loci*.

Thermischer Komfort im Winter und Sommer

Die Analyse des Mikroklimas und die Anwendung bioklimatischer Prinzipien sind zwingende Schritte zur Gewährleistung des thermischen Komforts. In warmen Regionen sind passive Maßnahmen oft ausreichend, um die Luft kühl zu halten und eine natürliche Durchlüftung in Hitzeperioden zu fördern. Der Strandpavillon in Brasilien (siehe Seite 86) und das Haus am Cap Ferret (siehe Seite 96) veranschaulichen sehr gut ein solches bioklimatisches Konzept: Pergolen, Vordächer, Veranden, niedrige Mauern und Bepflanzungen. In kontinentalen

Niedrigenergiehaus mit dem Minergie-Label, Funktionsschema.
1 Sonnenkollektoren zur Warmwasserbereitung
2 Zweistrombelüftung mit Hochleistungs-Wärmeaustauscher
3 Sanitärinstallationen mit niedrigem Wasserverbrauch
4 Energiesparende Elektro- und Haushaltsgeräte
5 Begrüntes Dach mit Regenwasserspeicher

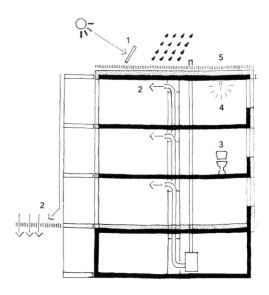

DAS ÖKOLABEL PASSIVHAUS

1989 initiierte Wolfgang Feist, Leiter des Passivhaus-Instituts (www.ig-passivhaus.de) das Ökolabel Passivhaus in Hessen, einem Bundesland, das eine aktive Umweltpolitik betreibt. Die Vergabe des Labels verlangt, dass der jährliche Wärmeenergieverbrauch unter 15 kW/m² liegt; die französische Regelung zum Wärmeverbrauch (RT 2000) lässt einen ungefähr sechsmal höheren, der Richtwert der deutschen Energiesparverordnung von 2004 einen viermal höheren Wert zu. Durch den Einsatz optimierter technischer Anlagen und passiver Maßnahmen an der Außenverkleidung (verstärkte Wärmedämmung, luftdichter Abschluss) ist der benötigte Energieaufwand so niedrig, dass ein herkömmlicher Heizkessel unnötig wird. Die Frischluft wird hier für die Zufuhr von Warm- oder Kaltluft genutzt, dank einer Zweistrombelüftung mit Hochleistungs-Wärmeaustauscher (Wärmeübertragung bis zu 90 %). Im Jahre 2005 waren im deutschsprachigen Raum bereits 7.000 Haushalte mit einer solchen Anlage ausgestattet. Dieser Prozess entstand unter anderem durch die Zusammenarbeit des Passivhaus-Instituts mit der Industrie zur Entwicklung neuer Bauteile, zum Beispiel mit Edelgas gefüllte Dreifachverglasungen für Fensterrahmen mit verstärkter Wärmedämmung (Wärmedurchgangskoeffizient U = 0,6 W/m²K). Das Passivhaus-Label findet nach und nach Anwendung in weiteren europäischen Ländern, und eine laufende Studie untersucht Anpassungsmöglichkeiten an das Mittelmeerklima.

Regionen, in denen starke saisonale Schwankungen herrschen, ist es notwendig, leistungsfähige Anlagen mit konstruktiven Maßnahmen an der Außenhaut zu verbinden: verstärkte Wärmedämmung für Vollwände und Fensterfronten, Luftundurchlässigkeit usw. Die Energiekonzepte der hier vorgestellten Schweizer, deutschen und österreichischen Häuser kombinieren stets passive und aktive Maßnahmen (siehe Infokasten Seite 78). Die europäischen Bestimmungen zur Wärmedämmung stellen im Übrigen immer höhere Anforderungen, und einige Länder haben sehr effiziente Gütezeichen für Neubauten und den Wohnungsbestand eingeführt, so das Passivhaus in Deutschland und Österreich und Minergie in der Schweiz. Haushalte mit dem Passivhaus-Label dürfen nicht mehr als 15 kWh/m² im Jahr für Heizung und Kühlung verbrauchen. Das Haus in Gießen, ein sehr gelungenes aber sehr kostspieliges Projekt (siehe Seite 90), braucht jährlich nur 10 kWh/m², um zu allen Jahreszeiten eine angenehme Raumtemperatur zu halten. In Deutschland wurde ebenfalls das Konzept des Nullenergiehauses entwickelt, welches hier durch das Haus von Werner Sobek anschaulich gemacht wird (siehe Seite 64), und es wird sogar an einem „Plusenergiehaus" gearbeitet, das mehr Energie produziert, als es verbraucht.

Vorrang für die Gesundheit

Das Streben nach einem gesunden Innenraumklima mit einer natürlich regulierten Luftfeuchte ist in einer Zeit berechtigt, in der schon mehrere Gesundheitsskandale im öffentlichen Raum Lungenleiden durch Asbestbelastung, Bleivergiftungen und Ausbrüche der Legionärskrankheit verursacht haben. Planer und Nutzer müssen dies bei der Wahl des Tragwerkmaterials, der Gebäudeausstattung, der Wandverkleidung und des Bodenbelags berücksichtigen und auf den Endanstrich verschiedener Oberflächen sowie dessen Pflege achten. Eine Vielzahl von Forschern beschäftigt sich mit dem Thema des gesunden Wohnens, und die Verbraucherverbände widmen diesem Thema immer größere Aufmerksamkeit (siehe das Interview mit Dr. Suzanne Déoux, Seite 18 f.). Eine wachsende Zahl von Kunden interessiert sich heutzutage für Häuser im Selbstbau aus „naturbelassenen" Materialien: Strohbündel, gestapelte Rundhölzer, Säcke mit Sand oder Erde und dergleichen. Dabei entstehen zweifellos gesunde Wohnhäuser, aber ist es auch Architektur? Sarah Wigglesworth beweist mit ihrem Londoner Atelierhaus (siehe Seite 118), dass dies durchaus möglich ist. Hat hingegen ein aus Finnland oder Kanada importiertes Holzhaus einen berechtigten Platz in einer belgischen oder französischen Wohnsiedlung? Ist es ökologisch vertretbar, es bis dorthin zu transportieren, während die Wälder in Europa nicht ausreichend genutzt werden?

Das „Plusenergie"-Reihenhaus.
Die letzte Bauphase der Solarsiedlung des deutschen Architekten Rolf Disch neben dem Quartier Vauban in Freiburg i. Br. wurde 2005 abgeschlossen. Die Photovoltaik-Anlagen auf den Dächern erzeugen mehr Energie, als die Bewohner verbrauchen.

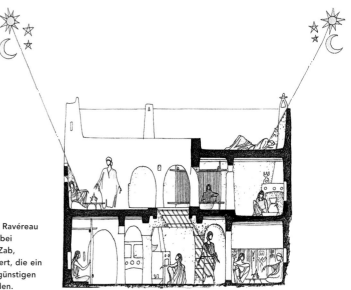

1976 hat André Ravéreau 19 Lehmhäuser bei Ghardaïa im M'Zab, Algerien, realisiert, die ein Ensemble preisgünstigen Wohnraums bilden.

Die überlegte Wahl der Materialien

Holz, Stein, Lehm, Beton, Aluminium oder Stahl, welches Material ist am ökologischsten? Die Beispiele in diesem Buch zeigen, dass die Lösungen auch hier wieder von den lokalen Gegebenheiten abhängig sind. Selbst wenn Holz das einzige nachwachsende Material ist, erscheint sein Einsatz nur in Regionen sinnvoll, wo es in ausreichender Menge vorhanden ist und aus nachhaltig bewirtschafteten Beständen stammt. Die beiden brasilianischen Häuser in diesem Buch, die Helio Olga geplant und gebaut hat, zeigen die Eigenschaften von tropischen Hölzern (siehe Seiten 86 und 138). In Asien und Nordafrika, wo Holz selten ist, ist das Bauen mit Lehm oder Rohziegeln viel „vertretbarer": Der Rohstoff ist vor Ort verfügbar, die einfache Technik erfordert wenig Energie und ist für den Selbstbau gut geeignet. Die Verwendung der richtigen Menge des richtigen Materials am richtigen Ort und die Kombination mehrerer Baustoffe zur Nutzung ihrer jeweiligen Vorteile (siehe Infokasten Seite 54) stellt eine zugleich wirtschaftliche und ökologische Lösung dar. Die Verwendung von Recycling-Baustoffen ist eine weitere vernünftige Entscheidung, die von Architekten in Australien oft angewandt wird, indem beispielsweise Holz aus dem Abbruchmaterial ehemaliger Schuppen genutzt wird (siehe Infokasten Seite 130).

Natürlicher Baustoff, ökologischer Baustoff?

In Zukunft werden Entscheidungen hinsichtlich der Wahl der Materialien wohl durch die Rück-verfolgbarkeit ihrer Herkunft und eine Vereinheitlichung bei der Kennzeichnung von Produkt-

Sommerlicher Komfort bei tropischem Klima: Haus Valentim in Brasilien; Architekten: UNA Arquitetos.

BAUEN MIT LEHM

Das Bauen mit Lehm bietet wirtschaftliche, soziale und ökologische Vorteile: Die Rohstoffe sind vor Ort verfügbar, die Umsetzung ist einfach, der Transport geringfügig und die Abfälle sind minimal. Man unterscheidet zwei Techniken: den Lehmstampfbau, eine Art Erdbeton, und den Lehmziegelbau aus vorgefertigten Blöcken. Beim Lehmstampfbau wird die Erde zwischen Schalwänden mit einem Stampfer Schicht für Schicht komprimiert. Die ca. 50 cm starken Wände weisen eine hohe Wärmeträgheit auf. Dieses sehr alte Verfahren wird auf der ganzen Welt praktiziert. Die ältesten Spuren fand man im pakista-nischen Industal. Doch bezeugen auch Überreste aus der griechischen oder römischen Antike seine Anwendung, und mehrere Abschnitte der Großen Chinesischen Mauer wurden ebenfalls aus verdichtetem Lehm gebaut. Auch in einigen europäischen Ländern findet man Beispiele für Lehmbauten im traditionellen Hausbau. Wegen seines hohen handwerklichen Aufwands und des Verschwindens

gemeinschaftlicher Arbeitsformen im Zuge der Industri-alisierung wurde der Lehmbau mehr und mehr an den Rand gedrängt, selbst in Regionen mit niedrigen Arbeitslöhnen. Diese Technik wird derzeit, bei unter-schiedlichen Zusammensetzungen der Rohmasse, auf allen Kontinenten wieder entdeckt: Lehm ohne Beimischung von Zusatzstoffen (Gästehaus in China, siehe Seite 40) oder auch stabilisierter Lehm mit einem Anteil von 5 % Portland-Zement (Haus in Arizona, siehe Seite 148). Bei anderen Bauweisen mit Lehm werden vorgefertigte Blöcke verwendet: Rohziegel, Ziegel aus verdichtetem Ton, Wellerbauweise. Für die Rohziegel wird eine Mischung aus Lehm, Wasser und Fasern (Stroh, Holzspäne oder Sägemehl, Hanf oder sogar Tierhaar) in Gussformen aus Holz gegossen, die nach ein paar Tagen entfernt werden. Danach liegen die Ziegel zwei Wochen lang zum Trocknen in der Sonne. Bei Ziegeln aus verdichtetem Ton wird eine Mischung aus Ton, Schlick und Sand, meist mit

Kalk oder Zement stabilisiert, in Hand- oder Motorpressen verdichtet. Die ältesten Spuren wurden im Irak entdeckt und sind rund 7.000 Jahre alt, doch finden sich traditio-nelle Häuser aus Rohziegeln von Peru über Togo und Frankreich bis nach China. Die eindrucksvollsten Beispiele gibt es im Jemen: Die meisten der 500 Wohnhäuser mit je fünf bis sieben Stockwerken in Shibam stammen aus dem 16. Jahrhundert. Die Renaissance des Lehmbaus in den letzten Jahrzehnten verdankt viel dem ägyptischen Architekten Hassan Fathy, der in den 1950er Jahren das Dorf Gourna im Tal der Könige aus Rohziegeln erbaut hat, sowie der Arbeit André Ravéreaus im M'Zab, Algerien. Das aus verdichteten Tonziegeln gebaute Haus Pinto (siehe Seite 144) ist eines von 400 Häusern in umweltfreundlicher Bauweise der indischen Architektin Chitra Vishwanath.

Inhaltsangaben, die in mehreren Ländern vorbereitet werden, leichter fallen. Es genügt jedoch nicht, dass ein Material gesund oder natürlich ist, um schon ökologisch zu sein. Es muss ebenfalls festgestellt werden, welche Energiemengen zur Förderung, Herstellung, für den Transport und die Wiederverwertung nach erschöpfter Lebensdauer notwendig sind. Für die Herstellung von 1 kg Holz (gesägt und zugeschnitten) ist 1 kj erforderlich, für 1 kg Stahl sind es hingegen 42 kj und für 1 kg Aluminium 142 kj. Bei der Bewertung dieser Zahlen muss man jedoch berücksichtigen, dass Aluminium unbegrenzt wieder verwertbar ist und die Kosten für das Recycling niedrig sind, weshalb Glenn Murcutt es durchaus einsetzt. Die Analyse der Lebenszyklen von Materialien kann zu quantifizierbaren Werten und objektiven Lösungen führen, aber die Entscheidungen der Architekten und ihrer Auftraggeber sind auch von subjektiven Faktoren geprägt, wie dem Wunsch, Bauholz aus dem eigenen Wald oder einen Stein zu verwenden, an den sich Kindheitserinnerungen knüpfen. Jeder Ort und jede Familie sind einzigartig. Dies muss bei der Planung eines Hauses berücksichtigt werden, wenn eine für alle befriedigende Lösung gefunden werden soll.

Architekten im Dienst der Nutzer

Die wichtigste Voraussetzung für eine nachhaltige Entwicklung liegt im Wandel zu einer gerechteren und großzügigeren Gesellschaft. Die Zukunft unseres Planeten hängt von der Qualität sozialer Beziehungen ab. Dies gilt insbesondere für Architekten, die Häuser bauen, in denen die Menschen einen Großteil ihrer Zeit verbringen. „Ein architektonisches Werk ist dazu bestimmt, genutzt zu werden", schrieb Hassan Fathy 1970 in *Construire avec le peuple*. Die Vorarlberger *Baukünstler* verstehen sich ebenfalls als „Dienstleister". Die kulturelle Besonderheit dieser Region (siehe Seiten 52 und 68) lässt sich ebenso anhand eines auf Vertrauen basierenden Austauschs erklären, wie durch den Gemeinschaftssinn und Pragmatismus einer Bevölkerung, die sich ihrer Bürgerpflichten bewusst ist. Die Arbeit dieser Fachleute stützt sich auf moralische Werte, einen Sinn für den Dialog und eine Bescheidenheit, die sie dazu ermutigt, ihre Fähigkeiten zu teilen. Von den österreichischen Alpen bis zur brasilianischen Küste, von einer intuitiven Herangehensweise zu einer systematischen Anwendung von Auswertungstabellen, vom Holz zur Lehmerde und vom Low-tech zum High-tech hat die ökologische Architektur viele Facetten zu bieten. Das Ziel dieses Werks ist es, diesen Reichtum an Vielfalt aufzuzeigen und zugleich zu betonen, was diese 25 beispielhaften Projekte verbindet: ein Vorhaben des gesunden Menschenverstands, das sich den lokalen Besonderheiten anpasst.

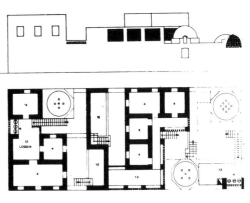

Eines der Häuser im ägyptischen Dorf Gourna, errichtet in den 1950er Jahren von Hassan Fathy.

Niedrigenergiehaus in Pirmasens, Deutschland, 1998; Architekten: Bürling Schindler; Energiekonzept: Transsolar.
Ein Haus mit zwei Gesichtern: Im Nordosten, straßenseitig, eine massive, geschlossene Fassade; im Südwesten eine Vorhangfassade zum Wald mit zwei gleitenden Sonnenschutzelementen aus Douglasie-Lamellen.

Das ökologische Haus: Einige Empfehlungen

Eingliederung in die Umgebung
– Beginn der Planungsphase mit einer Untersuchung der Besonderheiten der Umgebung: Geografie, Geologie, regionale Kultur und Überlieferungen, vorhandene Architektur.
– Berücksichtigung der Topografie, der Ausblicke und der klimatischen Verhältnisse: Hauptwindrichtungen, höchster und niedrigster Sonnenstand je nach Jahreszeit, Sichteinschränkungen durch Höhenunterschiede oder Vegetation.
– Berücksichtigung von Umweltstörungen (Lärmbeeinträchtigungen durch Straßen oder Eisenbahnen; Aktivitäten, die unangenehme Gerüche verursachen).
– Analyse der lokal vorhandenen Ressourcen (Wälder, Steinbrüche, Ziegelbrennereien usw.) und Bevorzugung dieser Baustoffe zur Verminderung umweltbelastender Transporte.
– Anpassung des Gebäudes an das Gelände: optimale Platzierung in einer natürlichen Hanglage, Geringhaltung von Erdarbeiten, Schutz von Böden mit empfindlichem Ökosystem.
– Weitest gehende Erhaltung der bestehenden Vegetation und Bevorzugung regionaler Pflanzenarten für Neubepflanzungen.

Steuerung des Wasserkreislaufs
– Entscheidung für Wasser sparende Sanitäranlagen.
– Rückgewinnung von Regenwasser für die Gartenbewässerung und ggf. die WC-Spülung bzw. die Wasserzufuhr der Waschmaschine.
– Natürliche Aufbereitung der Abwässer durch Stabilisierung in Filtergärten mit spezifischer Bepflanzung (Iris, Schilfrohr usw.).
– Dachbegrünung (extensiv mit geringer Aufbauhöhe für Substrat und Sedum oder intensiv mit Pflanzerde und Strauchbepflanzung).

Die überlegte Wahl der Materialien
– Bevorzugung von erneuerbaren (Holz), wieder verwerteten oder wieder verwertbaren Baustoffen, oder solchen, die einen niedrigen Energieaufwand bei der Herstellung benötigen.
– Verwendung von gesundheitlich unbedenklichen Baustoffen (Vorsicht bei Produkten für Oberflächenbehandlung und Versiegelung).
– Bei gleicher Qualität Bevorzugung von lokal hergestellten Baustoffen, um umweltbelastende Transporte zu vermeiden und die regionale Wirtschaft zu fördern.

Verringerung von Abfällen und die Steuerung ihrer Beseitigung
– Planung und Umsetzung unter Berücksichtigung der Herstellungsmaße zur Minimierung von Abfällen.
– Bevorzugung von Trockenbauverfahren und vorgefertigten Elementen.
– Einrichtung eines ökologischen Baustellenbetriebs mit gezielter Abfallsortierung und Verringerung der Beeinträchtigungen für die Nachbarschaft.

Steuerung des Energiebedarfs für den thermischen Komfort (Heizung, Warmwasser und Kühlung)
• „Passive" Maßnahmen an der Außenhaut, im Allgemeinen kostenlos oder in weniger als fünf Jahren amortisiert:
– optimale Ausrichtung des Gebäudes gemäß den klimatischen Verhältnissen;
– Gebäudeform (kompakt in Regionen mit kalten Wintern zur Verringerung von Wärmeverlusten);
– Dimensionierung der Fensterfronten im Hinblick auf die Sonneneinstrahlung;
– Qualität der Verglasungen (zwei- oder dreifach in kalten Winterregionen, mit niedrigem Emissions- und hohem Transmissionsgrad);
– Optimierter Sonnenschutz, vertikal oder horizontal, um die Einstrahlung im Sommer abzuhalten und im Winter zuzulassen;
– Materialwahl unter Berücksichtigung der Vorteile bestimmter Bauelemente mit hoher Wärmeträgheit;
– Verstärkte Wärmedämmung an der Außenhülle;
– Beseitigung von Kälte- und Wärmebrücken;
– Überprüfung der Luftundurchlässigkeit (Blower Door System).

• Maßnahmen, die bei der Investition Mehrkosten verursachen und im Allgemeinen nach fünf bis 20 Jahren amortisiert sind:
– Wärmepumpen, möglichst umkehrbar, zur Kühlung des Gebäudes im Sommer;
– Sonnenkollektoren zur Warmwasserbereitung;
– Solare Fußbodenheizung;
– Zweistrombelüftung durch Wärmeaustauscher mit Hochleistungskapazität (Voraussetzung für das Gütesiegel Passivhaus);
– Gemauerter Holzofen (höherer Ertrag als bei einem offenen Kamin);
– Luft-Erdregister zum Vorwärmen der Frischluft im Winter und zur Kühlung im Sommer;
– Leistungsstarke Anlagen (Energielabel Klasse A).

Steuerung des Energiebedarfs für den visuellen Komfort (natürliche und künstliche Belichtung)
• „Passive" Maßnahmen an der Außenhaut, kostenlos oder kostengünstig:
– Angemessene Ausrichtung und Dimensionierung der Öffnungen;
– Qualität der Verglasungen;
– Sonnenschutz zur Vermeidung von Blendwirkungen (mobile und feste Sonnenschutzelemente).

• „Aktive" Maßnahmen mit schneller Amortisierung dank einer Senkung des Energieverbrauchs:
– Entscheidung für leistungsstarke Anlagen (Energielabel Klasse A)
– Verwendung von Niedrigenergieleuchten.

Suzanne Déoux, Doktorin der Medizin und HNO-Fachärztin, hat das Verhältnis von Wohnen und Gesundheit seit 1986 zum Kern ihrer Arbeit gemacht. Als Expertin in der Industriebranche für die gesundheitliche Einstufung von Baustoffen und Gebäudeausrüstungen wirkt sie bei zahlreichen beruflichen Fortbildungsmaßnahmen im Bau- und Gesundheitswesen mit.

Welchen Einfluss hat der Wohnraum auf die Gesundheit der Bewohner?
Der Wohnraum ist das wichtigste Lebensumfeld des Menschen: In den heutigen Industrieländern wird annähernd 60 % der Zeit in einer Wohnung verbracht. Der Wohnraum ist die Umgebung, die am einfachsten verbessert werden kann, indem man die Risikovorbeugung aktiv gestaltet. Neben genetischen Faktoren, individuellen Verhaltensweisen und der Qualität der medizinischen Versorgung stellt der Wohnraum nach Angaben der WHO (Weltgesundheitsorganisation) einen der vier entscheidenden Faktoren für die Gesundheit einer Bevölkerung dar. Es ist daher unbedingt notwendig, dass jeder Mensch die Möglichkeit hat, in einer ausgeglichenen und gesunden Umwelt zu leben. Dieses neue Recht ist übrigens in der Umweltcharta festgeschrieben.

Welche Risiken birgt die gebaute Umwelt für die Gesundheit der Nutzer?
Zunächst muss grundlegend zwischen Risiken und Gefahren unterschieden werden, denn eine Gefahr ist nicht gleichbedeutend mit dem Risiko! Das Wohnhaus schützt die Bewohner vor äußeren Gefahren, es darf jedoch nicht zur Ursache von Belastungen im Innenraum werden. Das Vorhandensein von chemischen, physikalischen oder biologischen Stoffen im Gebäude führt andererseits nicht unbedingt zu einer Gefahrenaussetzung der Bewohner. Die Toxizität dieser Stoffe begründet die Gefahr. Es besteht allerdings kein

Risiko, wenn die Schadstoffe weder in den Innenraum noch in die Luft oder ins Wasser geraten können und wenn keine Belastung der Atemwege, des Verdauungstrakts oder der Haut entstehen kann. Das Risiko ist demnach von der Wahrscheinlichkeit einer Gefahrenaussetzung abhängig, aber auch von der Empfindlichkeit der Betroffenen: Das Risiko kann für Kinder und ältere oder kranke Menschen höher sein.
Die Senkung des Energieverbrauchs in Wohnräumen führt beispielsweise zum Einsatz von Wärmedämmstoffen. Einige dieser Baustoffe bestehen aus mineralischen oder organischen Fasern. Das Inserm (*Institut national de la santé et de la recherche médicale*) in seinem Jahresbericht von 1998 über die gesundheitlichen Auswirkungen von Faserstoffen als Asbestersatz veranlasst, dass alle neuen Faserstoffe, die als Asbestersatz oder für andere Anwendungen angeboten werden, grundsätzlich als pathogen einzustufen sind. Bei Faserstoffen besteht eine Gefahr, die von ihrer Form, ihrer Größe, ihrer chemischen Zusammensetzung und den Nachwirkungen auf die Lunge abhängt. Dieses Risiko ist jedoch praktisch nicht vorhanden, wenn der Faserdämmstoff zwischen zwei Wänden hermetisch abgedichtet ist und die Innenraumluft nicht verunreinigt werden kann. In diesem Fall ist eine Gefahrenaussetzung der Bewohner ausgeschlossen. So konnten keine Konzentrationsunterschiede von künstlichen Mineralfasern zwischen Innen- und Außenraum in den 90 Wohnhäusern gemessen werden, die 2001 vom Forschungsinstitut für Luftreinheit in Frankreich untersucht wurden.

Welche Regeln sind bei der Planung und Realisierung eines gesunden Hauses zu beachten?
Ein gesundes Haus ist in erster Linie von seiner Umwelt abhängig. Bei der Planung von Gebäuden dürfen keine nahe liegenden

Faktoren außer Acht gelassen werden, wie zum Beispiel die Ausrichtung gegenüber den Winden, durch die viele Schadstoffe übertragen werden, aber auch Pollen von pflanzlichen Allergenen aus der Umgebung. Die Beschaffenheit des Bodens und des Unterbodens kann ebenfalls nicht zu vernachlässigende Auswirkungen auf die Gesundheit der Bewohner haben, wenn beim Bau des Hauses keine entsprechenden Maßnahmen getroffen werden. In granithaltigen Regionen zum Beispiel verhindert eine sachgemäße Abdichtung zwischen Boden und Gebäude das Eindringen von Radon, einem natürlich radioaktiven Gas, das Lungenkrebs erzeugt. Das Geräuschumfeld muss ebenfalls unbedingt in Betracht gezogen werden. Dies ist nicht allein eine Frage des Komforts. Lärm ist eine der größten Belastungen. Einer von drei Haushalten klagt über Lärm am Tag und einer von fünf über Lärm bei Nacht laut einer Umfrage der *Logement 2002* des Insee (*Institut national de la statistique et des études économiques*). Lärmbelastungen erhöhen die Ausschüttung von Stresshormonen (Noradrenalin, Andrenalin, Kortisol), deren Zusammenhang mit dem Risiko von Herzgefäßerkrankungen bekannt ist. Darüber hinaus beeinträchtigt Lärm die Struktur des Schlafs und verhindert die physische und psychische Erholung des Organismus, der sich an diese Reizbelastung niemals anpasst.
Die Nähe einer Stromleitung oder das Vorhandensein eines Transformators in einem Gebäude kann das elektromagnetische Umfeld verändern und Kinder einem 50-Hertz-Magnetfeld mit einer Stärke von über 0,4 Mikrotesla aussetzen, was in dieser Altersgruppe mit einer Erhöhung des Leukämierisikos verbunden ist.

Wie kann man das Wohlbefinden im Hause verbessern?
Man braucht gleichzeitig einen gewissen Komfort und zufrieden stellende sanitäre

Bedingungen. Das Wohlbefinden ist in der Tat der gemeinsame Nenner des Komforts, der aus allem besteht, was zum Wohlbefinden beiträgt, und der Gesundheit, die von der WHO als „der vollkommene Zustand körperlichen, mentalen und sozialen Wohlbefindens" definiert wird. Ein Mangel an Komfort, sei er thermischer, akustischer oder visueller Natur oder durch Luftfeuchtigkeit und Gerüche verursacht, kann pathogen werden.

Es gibt verschiedene Faktoren, die für das physiologische und psychologische Gleichgewicht der Bewohner eine wichtige Rolle spielen. Zunächst der räumliche Komfort, der von denen zumeist vernachlässigt wird, die eine Wohnung allein anhand der Quadratmeter- und nicht der Kubikmeterzahl bewerten, weshalb ein notwendiges Mindestvolumen an Luft pro Person vorgesehen werden sollte. Die Raumhöhe wird zu oft aus Kostengründen eingeschränkt. Häufig wird schon bei der Wohnungsplanung keine direkte natürliche Luft- und Lichtzufuhr in Badezimmern und Toiletten vorgesehen. Unter diesen Umständen kann in diesen Räumen allein ein einwandfreies Funktionieren des Abzugs von Wasserdampf und Gerüchen verhindern, dass sich Schimmel bildet und man auf „Odorisierer" zurückgreifen muß, die flüchtige organische Bestandteile beinhalten.

Nach welchen Kriterien sollen Baustoffe gewählt werden?
Um einen gesunden Innenraum zu schaffen, müssen ebenfalls Baustoffe verwendet werden, die die Luftqualität in den Wohnräumen nicht beeinträchtigen. Die gesundheitlichen Eigenschaften aller Produkte, seien sie natürlicher oder chemischer Herkunft, müssen bewertet und den zuständigen Verwaltungen sowie den Nutzern zur Kenntnis gebracht werden. Es ist unbedingt erforderlich, bei allen Baumaterialien über die Emissionen von Aldehyden und flüchtigen organischen Bestandteilen Bescheid zu wissen sowie über

ihre Fähigkeit, das Wachstum von Mikroorganismen, insbesondere von Schimmel, zu fördern. Der Grad an natürlicher Radioaktivität betrifft ausschließlich Material, das aus der Erdkruste oder von industriellen Nebenprodukten stammt. Bei Faserdämmstoffen, ob mineralischer, pflanzlicher oder tierischer Herkunft, müssen Angaben über Größe und Nachwirkungen in der Lunge gemacht werden sowie über die chemische Zusammensetzung von Bindemitteln und Zusatzstoffen. Die Reduzierung des Energieverbrauchs in den Haushalten ist unbedingt notwendig, darf aber nicht auf Kosten der Lufterneuerung geschehen. Die allmähliche Verschlechterung der Innenraumluft wegen unzureichender Lüftung hat wirtschaftliche und menschliche Auswirkungen in zunehmenden Erkrankungen durch eine zu hohe Gebäudeabschirmung. Da die Kosten für die Gesundheit schwieriger zu beziffern sind als Kalorien, wird der Aufwand für eventuelle gesundheitliche Schäden zu selten berücksichtigt, wenn einem Gebäude keine ganzheitlichen Überlegungen zugrunde liegen.

Was können die Nutzer tun?
Bewohner, die einen direkten Einfluss auf die gesundheitliche Qualität ihres Wohnraums haben, müssen zu Managern der „Qualität und Gesundheit im Wohnraum"[1] werden. Sie sollten sich darüber informieren, wie ihr Verhalten die Bemühungen einer richtigen Planung verringern oder zunichte machen kann. Die menschliche Anwesenheit in einem abgeschlossenen Raum ist an sich Quelle von biologischen Ausdünstungen, Wasserdampf und Kohlendioxid (CO_2). Eine unzureichende Frischluftzufuhr hat also eine Erhöhung der Feuchtigkeit und der CO_2-Konzentration zur Folge, ein Zeichen von zu hoher Luftabschirmung. Bestimmte Tätigkeiten sind imstande, die Luftqualität im Innenraum zu beeinträchtigen, wobei Tabakrauch der größte Verschmutzer ist: In dieser komplexen Mischung

aus Gasen und Feinpartikeln wurden annähernd 4.000 verschiedene Bestandteile identifiziert, davon mehr als 43 Krebs erregende. Es ist ebenfalls bedauerlich, dass so alltägliche Haushaltätigkeiten wie das Trocknen der Wäsche, das eine merkliche Erhöhung der Feuchtigkeit im Wohnraum verursacht, bei der Planung oft vergessen werden und kein Raum für diese Nutzung vorgesehen ist. Die Gesundheit der Bewohner kann durch eine falsche Wartung technischer Geräte, insbesondere von Verbrennungsanlagen, negativ beeinflusst werden, durch den Einsatz von Reinigungsmitteln, die schädliche Stoffe emittieren können oder auch durch die Verwendung von Insektengiften oder Desodorierungsmitteln, die Substanzen enthalten, welche die Gerüche überdecken, aber nicht die verantwortlichen Moleküle neutralisieren.

Wie kann die allgemeine Verbreitung des gesunden Wohnens gefördert werden?
Jedes Gebäude muss zugleich die Erhaltung der Umwelt und den Schutz der Gesundheit der Bewohner miteinander in Einklang bringen. Dies kann nur erreicht werden, wenn Planung, Gestaltung und Ausführung den Bewohnern gesunde und angenehme Lebensbedingungen in funktionalen Räumen garantieren, während gleichzeitig versucht wird, Energie und natürliche Ressourcen zu sparen. Aber nur die angemessene Nutzung und Wartung eines nachhaltigen Gebäudes erhalten seine ökologischen Eigenschaften. Das Leben in einem gesunden Haus verlangt also den Einsatz aller.

[1] Siehe Dr. Suzanne und Dr. Pierre Déoux, *Habitat Qualité Santé*, Medieco, Andorra, 1997.

Hütte auf dem Hiittinen-Archipel, Finnland

Kristian Gullichsen

Der Schlüssel zur finnischen Seele liegt in ihrem widersprüchlichen Verhältnis zur rauen Natur, einer Mischung aus Liebe, Respekt und Furcht. Das zeigt sich auch in der Architektur dieses dünn besiedelten und noch von heidnischen Traditionen geprägten Landes.

In Holzhütten, die bewusst auf modernen Komfort verzichten, finden die Finnen die Gebärden und den langsamen Rhythmus des Landlebens wieder. Sie nutzen die wohltuende Sonne, das Licht und die Wärme ihres zu kurzen Sommers maximal aus. Auf einer 7 ha großen Insel des sich zwischen Helsinki und Porvoo erstreckenden Archipels hat der Architekt Kristian Gullichsen mit seiner Familie und Freunden ein bescheidenes Ferienhaus gebaut. Auf einem Felsen in Meeresnähe gelegen, fügt sich das Haus in die geschwungenen Kurven der Topografie ein. Das geringe Gewicht des Holzes erleichtert den Selbstbau und ermöglicht das Bauen auf schwer zugänglichem Gelände, wobei die Integrität der brüchigen natürlichen Umgebung erhalten bleibt.

Die Planung des Schuppens stützt sich zugleich auf die Traditionen des Archipels und die Erfahrung der *Moduli*, modularen Freizeitpavillons aus Holz, leicht und kostengünstig, die 1974 von Kristian Gullichsen und Juhani Palasmaa entwickelt wurden. Mit seinem strengen Raster erstreckt sich das Haus unter zwei Dachschrägen entlang einer Nordsüd-Achse. Geschlossene und transparente Elemente wechseln in einem Rhythmus von 2,10 m: Ein Rasterfeld für das Schlafzimmer, vier für Wohn- und Esszimmer, eins für die überdachte Terrasse und ein weiteres, am nördlichen Ende, für Umkleidekabine und Sauna. Auf jeder der nach Osten und Westen orientierten Fassaden liegen zwei gleitende Fensterfronten einander gegenüber. Diese Öffnungen erweitern den Wohnraum um die natürlichen Terrassen, die das hervortretende Granitgestein bildet: morgens nach Osten, nachmittags nach Westen. Ein niedriger Sockel, aus vor Ort gesammelten Steinen gemauert, gleicht die Unebenheiten des felsigen Bodens aus. Das leichte Tragwerk aus Nadelholz ist außenseitig mit einer Verkleidung aus einer vertikalen Beplankung versehen, innenseitig mit einer horizontalen Stülpschalung aus gefalzten Brettern. Das Haus ist in traditioneller Bauweise mit einer offenen Brettschalung abgedeckt: Die obere Schicht schützt die Fugen der darunter liegenden Schicht. Die Regenrinnen bestehen aus ausgehöhlten Baumstämmen. Das Dach wird von ausgesteiften, sichtbaren Dachbindern getragen: Die Dachsparren, die ebenfalls als Pfettenträger dienen, sind durch Unterzugbalken verbunden. Der Parkettboden und die Möblierung, sehr einfach gehalten, sind ebenfalls aus regionalem Nadelholz. Das Haus hat kein fließendes Wasser: Das Süßwasser wird einer nahe gelegenen Quelle entnommen, und die Sauna ersetzt das Badezimmer.

Wenn gegen Ende des Tages die Helligkeit abnimmt, greift man zu Kerzen. Ein gusseiserner Holzofen, der vor der Backsteinwand zwischen Schlafzimmer und Wohnraum steht, sorgt an kühleren Abenden für Wärme. Wenn die Herbststürme beginnen, wird das Häuschen bis zum nächsten Sommer verschlossen und verschmilzt nun ganz mit der umgebenden Natur.

Ort: Insel des Hiittinen-Archipels, Finnland — Raumprogramm: Sommerpavillon, Wohn- und Essbereich, Schlafzimmer, Veranda, Garderobe und Sauna — Bauherr: Familie Gullichsen — Planung: Kristian Gullichsen, Architekt — Wohnfläche: 63 m² — Zeitplan: mehrjähriges Selbstbauprojekt, Fertigstellung 1993 — Konstruktionssystem und Baumaterialien: Tragkonstruktion der Wände, Außenverblendung, Innenraumverkleidung, Dachstuhl, Dachdeckung, Parkett, Fensterrahmen der Glasfront und Möblierung aus regionalem Nadelholz — Ökologische Maßnahmen: minimaler Eingriff in das Gelände und die Umwelt (kein fließendes Wasser, kein Strom, Beheizung durch Holzofen); Verwendung vor Ort gesammelter Steine und regionaler Holzarten, unbehandelt und ohne Endanstrich.

Eine Holzhütte mit Sauna fernab unter Bäumen ist der Traum vieler Finnen. Die meisten bauen sie mit eigener Hand an einem Seeufer oder an der Ostsee.

Die silbergrauen Schattierungen der Holzverkleidung und des Dachs verändern sich je nach Witterung.

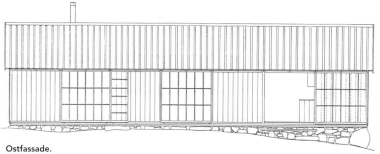

Ostfassade.

Grundriss.
1 Schlafzimmer
2 Wohnraum
3 Essbereich
4 Küche
5 Sauna
6 Garderobe-Abstellraum

EIN HAPTISCHER MATERIALANSATZ

Kristian Gullichsen ist in der Villa Mairea in Noormakku aufgewachsen, die Alvar Aalto 1939 für seine Familie entworfen hatte. Wie der finnische Meister, zu dessen Anhängern er gehört, nähert er sich der Architektur auf haptische Weise. Er setzt Materialien auf eine sehr plastische Art ein, um ihre Texturen und Farben hervortreten zu lassen. Das unbehandelte Holz der Hütte ahmt farblich die Felsen und Kiefernbaumstämme nach. Die Streifen der Holzlattenverkleidung werden von den Brettern der Dachabdeckung visuell fortgeführt und bilden Rippen, die durch das Spiel von Schatten und Licht betont werden. Diese Rillen beleben die Flächen und verringern die visuelle Einwirkung des Gebäudes auf die Umgebung.

Umbau eines Hauses in Sydney, Australien

Glenn Murcutt und Wendy Lewin

Glenn Murcutt ist der Überzeugung, dass „ein Einzelner den Lauf der Dinge verändern kann", und die Resonanz, auf die sein Werk und seine Lehrtätigkeit weltweit stoßen, beweist, wie treffend dieser Satz ist. Die Verleihung des begehrten Pritzker-Preises im Jahre 2002 ist zugleich ein Zeichen für das wachsende ökologische Interesse seines Berufsstands und eine Anerkennung für diesen Handwerker der Architektur, einen Anhänger des Einfachen und Kritiker von Energie- und Rohstoffverschwendung, der das „Wesen der Natur" bewundert. Seit der Gründung seines Büros im Jahre 1969 gehört das Wohnhaus zu den bevorzugten Experimentierfeldern des Australiers, der annähernd 500 „Wohnmaschinen in der Landschaft" realisiert hat. Seine Wohn-Schuppen aus Wellblech, die sich sanft in die unberührten Gelände des Inselkontinents einfügen, sind weltweit bekannt. Er widmet sich allerdings auch der Renovierung und Erweiterung herkömmlicher Häuser in einem städtischen Kontext – bescheidenere Arbeiten, die er per Hand mit ebenso viel Sorgfalt zeichnet wie seine spektakuläreren Projekte.

Mit seiner Frau Wendy Lewin, die seine Schülerin an der Universität von Sydney war, hat Glenn Murcutt gerade das Gebäude umgebaut, in dem er 40 Jahre lang allein gelebt und gearbeitet hat. Dieses kleine, ebenerdige Haus liegt, lang und schmal, in einem der Wohnviertel, die in der Umgebung Sydneys vor einem Jahrhundert gebaut wurden. Aus unverblendeten Backsteinen mit einer Dachdeckung aus Ziegeln gebaut, liegt es auf einem 6,55 m breiten Grundstück mit einem Nordwest-Gefälle. Die Dachauskragungen und der gartenseitige Aushub des halben Untergeschosses erlaubten eine Verdoppelung der Wohnfläche bei Einhaltung der städtebaulich verordneten Bebauungsgrenzen. Trotz sehr starker Zwänge gelang das Unmögliche: Ein Gebäude im Kolonialstil mit dunklen und zu engen Zimmern wurde innerhalb seiner massiven Hülle in einen fließenden, luftigen und lichtdurchlässigen Raum verwandelt.

Die drei Ebenen mit verschiedenen Raumhöhen sind präzise ineinander verschachtelt: Büro im Gartengeschoss, Hauptwohnung im Erdgeschoss, zweites Schlafzimmer und Abstellraum unter dem Dach. Das Raumvolumen des Schlafzimmers im Dachgeschoss konnte fast verdoppelt werden durch zwei verglaste Oberlichtbänder im Nordosten, die ebenso die Morgensonne einfangen wie die erfrischenden, vom Meer aufkommenden Brisen. Außenjalousien mit verstellbaren Lamellen aus Metall ermöglichen die Regulierung der Lichtintensität und der Sonneneinstrahlung.

Da sich das Haus in einem denkmalgeschützten historischen Viertel befindet, musste die Giebelwand zur Straße erhalten werden, doch die nordwestliche Stirnwand, die in der südlichen Hemisphäre abends von den Strahlen der tief stehenden Sonne getroffen wird, wurde in eine Wand aus Glas und Stahl verwandelt. Die festen und beweglichen Vorrichtungen dieser geometrisch variablen Außenhaut passen sich den jahreszeitlichen klimatischen Bedingungen an. Ein Großteil der vorhandenen Bepflanzung, die sorgfältig in die Pläne eingezeichnet wurde, konnte erhalten werden; die Ausblicke von der verglasten Stirnwand konzentrieren sich auf den kleinen Garten, in dem eine alte Mimose thront.

Ort: Sydney, Australien — Raumprogramm: Renovierung und Erweiterung einer Doppelhaushälfte für eine Wohnung und ein Architekturbüro; im Untergeschoss Keller und Technikraum; im Gartengeschoss Büro und Archiv; im Erdgeschoss Eingang, Schlafzimmer, WC, Küche, Esszimmer und Wohnzimmer; im Dachgeschoss Schlafzimmer mit WC, Dachboden — Bauherr: Glenn Murcutt und Wendy Lewin — Planung: Glenn Murcutt und Wendy Lewin, Architekten, Sydney — Flächen: 257 m² Grundstücksfläche; ca. 120 m² Wohnfläche; 31 m² Nutzfläche im Büro — Zeitplan: Planung 1999; Bauausführung 2004 — Konstruktionssystem und Baumaterialien: Wände mit Sichtmauerwerk; Böden und Dachstuhl aus Holz; nordwestliche Stirnwand aus Verbundglas in einem Tragwerk aus lackiertem Stahl mit Öffnungsflügeln aus gehärtetem Glas; Parkettböden in Büro und Wohnzimmer; Sonnenschutz aus Holz im Büro; Ziegeldach — Ökologische Maßnahmen: Wohnen und Arbeiten an einem Ort; Aufwertung des Baubestands in einem denkmalgeschützten Viertel in Vorstadtlage; Erhaltung der bestehenden Grundstücksbepflanzung; konstruktive Maßnahmen zur Förderung natürlicher Belichtung und Durchlüftung; Umwandlung der nordwestlichen Stirnwand in eine Glasfassade mit festen und mobilen Vorrichtungen zur Anpassung an die klimatischen Verhältnisse.

Glenn Murcutt hat das kleine kolonialzeitliche Haus, in dem er seit 40 Jahren lebt und arbeitet, einer Verwandlung unterzogen.

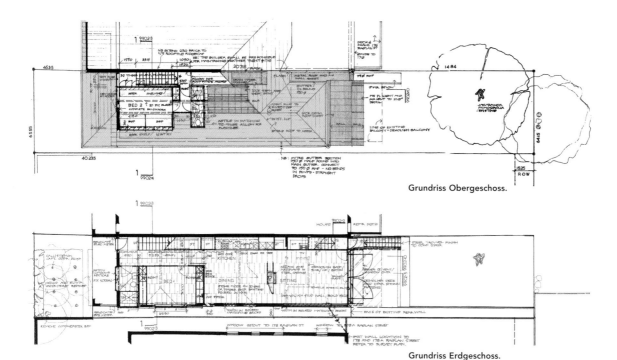

Treppen, Küche und andere dienende Funktionen konzentrieren sich im Südwesten in einem schmalen Band entlang der Brandmauer.

Grundriss Obergeschoss.

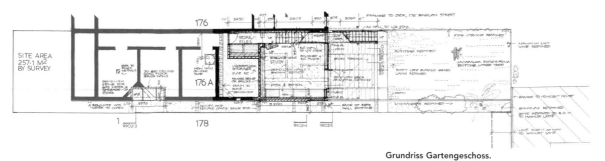

Grundriss Erdgeschoss.

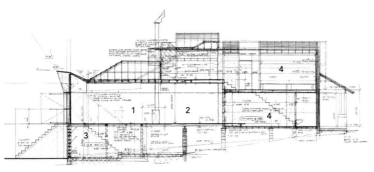

Grundriss Gartengeschoss.

Längsschnitt.
1 Wohnzimmer
2 Esszimmer
3 Büro
4 Schlafzimmer

GLENN MURCUTT, HANDWERKER DES INDIVIDUELLEN UND ÖKOLOGISCHEN WOHNENS

Seit seiner Kindheit begeistert sich Glenn Murcutt für die australische Natur und ihre Landschaften. Die ersten Anregungen gingen für ihn gleichermaßen von der Nüchternheit Mies van der Rohes, der Kultur der Aborigines und von traditionellen Archetypen aus, die er auf seinen zahlreichen Reisen entdeckte. Sein ausgeprägter Stil ist ebenfalls von dem nordischen Modernismus Alvar Aaltos geprägt, und er hat dem Glashaus von Pierre Chareau zweifellos die Idee zu verdanken, industrielle Produkte kunsthandwerklich einzusetzen, häufig in Abkehr von ihrer ursprünglichen Funktion. Glenn Murcutt, der sich weigert, außerhalb des Inselkontinents zu bauen, hat sich sehr früh dazu entschlossen, „äußerst gewöhnliche Dinge außerordentlich gut zu machen", und zwar allein, indem er alle Phasen eines Projekts selbst übernimmt. Seine Arbeitsmethode ist ein Ausdruck seiner Philosophie. Aus einer aufmerksamen Beobachtung des Baugeländes schöpft er das Wesen seiner Projekte, bereichert um den Dialog mit den Kunden und den Austausch mit Ingenieuren und Handwerkern, die zu Freunden geworden sind. Nach einer ersten Lösung mit Varianten konkretisiert sich der Entwurf in Grundriss und Schnitt, wobei „die Fassade eine natürliche Konsequenz aus dem Vorangegangen" ist. In einer letzten Phase beseitigt Glenn Murcutt alles, was ihm überflüssig erscheint. Teilweise auch wegen seines Erfolgs müssen sich seine Kunden, die meist aus dem Bildungsbürgertum Sydneys stammen, ihren Platz in seinem ausgelasteten Auftragsbuch drei bis fünf Jahre im Voraus reservieren.

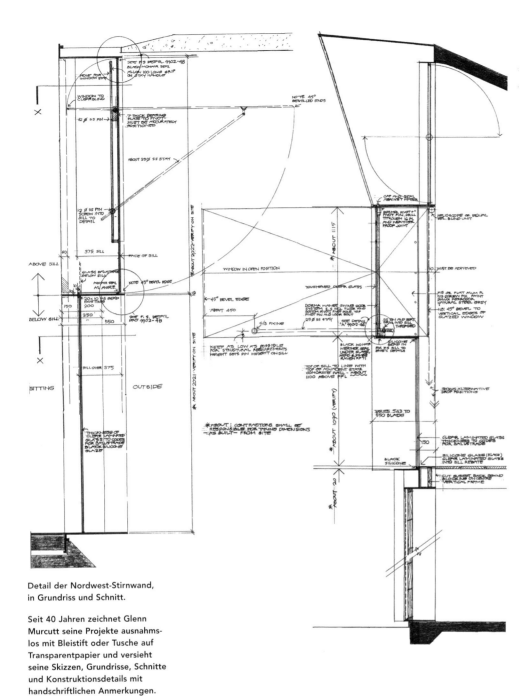

Detail der Nordwest-Stirnwand,
in Grundriss und Schnitt.

Seit 40 Jahren zeichnet Glenn
Murcutt seine Projekte ausnahms-
los mit Bleistift oder Tusche auf
Transparentpapier und versieht
seine Skizzen, Grundrisse, Schnitte
und Konstruktionsdetails mit
handschriftlichen Anmerkungen.

EINE VERGLASTE STIRNWAND, DIE SICH DEN KLIMATISCHEN BEDINGUNGEN ANPASST

Die neue Nordwestwand liegt eingeschoben zwischen der Brandmauer und der Backsteinfassade.
Sie besteht aus Glas- und Holzelementen in einem Tragwerk aus Stahl und wurde so konzipiert,
dass sie den Bewohnern zu jeder Jahreszeit mit passiven Mitteln thermischen und visuellen
Komfort bietet. Im oberen Bereich schützen ein Vordach und vorspringende Seitenflächen aus
Metall die Stirnwand vor Regen und sommerlicher Sonneneinstrahlung; kippbare Oberlicht-
fenster, durch einziehbare Moskitonetze geschützt, begünstigen den Abzug der warmen Luft.
Vor dem Wohnzimmer, über einer hohen und tiefen verglasten Brüstung, können zwei große
Fensterflügel aus rahmenlosem Glas auf vertikalen Gelenken zum Garten hin geöffnet werden.
Auf der unteren Ebene, vor dem Büro, werden Licht und Sonneneinstrahlung durch Holzblenden
gefiltert, und zwar durch Paneele aus schmalen, vertikalen Lamellen an der Tür und durch manuell
verstellbare, breite horizontale Lamellen hinter der Glasfront. Die dichte Vegetation im Garten
bildet einen ersten, natürlichen Vorhang und sorgt für ein wenig Frische.

Anmerkung: Die Zitate von Glenn Murcutt stammen aus einem Artikel von Françoise Fromonot
in der Zeitschrift *D'Architectures* sowie aus ihrem Buch *Glenn Murcutt*, Editions Gallimard, Paris
2003. Schnitte und Grundrisse, Layout und Grafik mit freundlicher Genehmigung der Zeitschrift
D'Architectures.

Halb unterirdisches Haus, Causse de Gramat, Frankreich

Gouwy Grima Rames

Der Causse de Gramat ist ein Kalksteinplateau, das mit einer dünnen Schicht Ackerboden bedeckt ist. Unter dem Wacholder und den jungen Eichen eignet sich das niedrige, duftende Gras inmitten des Gesteins nur für die Schafe und Ziegen, die zwischen den Trockensteinmauern weiden. Diese unwirtliche Umgebung mit ihrem heiß-trockenen Mikroklima ist ebenso eine Erklärung für die niedrige Bevölkerungsdichte wie für das empfindliche Ökosystem. In dieser kargen und einsamen, steinigen Gegend muss jedes Gebäude die Integrität der natürlichen Umwelt erhalten und sich gleichzeitig vor ihr schützen. Die Planung begann deshalb mit einer Untersuchung der zweckmäßigen und rationalen ländlichen Architektur und einer Analyse des Grundstücks: seiner Topografie und Zugänge, der Ausblicke und Vegetation. Der *genius loci* ist das Rohmaterial, aus dem das Projekt sich nährt, und die ersten Ideen entstehen auf dem Gelände.

Im Herzen eines 40 ha großen Grundstücks liegt dieses teilweise ebenerdige Haus auf dem Scheitelpunkt eines kargen Hügels. Wie bei den traditionellen Häusern auf dem Causse du Quercy sind die Wände aus regionalem Naturkalkstein ohne Mörtel gemauert, abgesehen von einigen tragenden Elementen an der Südfassade, die aus Weißbeton-blöcken errichtet wurden. Nur der Kamin und eine niedrige Steinmauer ragen aus dem hoch gelegenen Teil des Geländes. Die Entscheidung, die Nordfassade in die Erde zu verlegen, ergab sich aus mehreren Gründen: dem Wunsch, dem Lärm und Anblick der Autobahn A20 zu entkommen, die den Hügel gegenüber des Hauses durchschneidet; der Notwendigkeit, sich vor den Nordwinden zu schützen; dem Verlangen, einen Bruch mit dem Bestehenden zu vermeiden und eine zeitgemäße Architektur in die noch authentische Region sanft einzugliedern. Der Besitzer war der Idee eines Hauses ohne das traditionelle Satteldach glücklicherweise nicht abgeneigt.

Als Anhänger einer pragmatischen Ökologie konzentrierten sich Gouwy, Grima und Rames auf die wesentliche Aufgabe des Architekten: den Wünschen der Nutzer und ihren jetzigen und zukünftigen Bedürfnissen gerecht zu werden. Ein Wohnhaus ist in erster Linie eine Hülle, die Räume umgrenzt, in denen Menschen jeden Alters ihren Alltag leben. Das Haus von Séniergues wurde mit dem Bestreben nach einer Einfachheit entworfen, die alles Überflüssige ausschließt. Diese formale Strenge unterstreicht die haptische Wahrnehmung des Rohmaterials, dessen Farbe und Textur vom Licht hervorgehoben wird. Neben seinen ästhetischen Qualitäten und seiner Verbundenheit mit Tradition bietet Natur-stein eine Reihe technischer Vorteile: eine den thermischen Komfort begünstigende Wärmeträgheit, einfache Instandhaltung, Dauerhaftigkeit und eine Patina, die ihn mit der Zeit verschönert. Wohn- und Schlafzimmer öffnen sich zu einigen Rasenbeeten, einer grünen Oase, die von kleinen Steinmauern eingefasst ist und im Schatten der Weinlauben geschützt liegt. Bei Abschluss der Bauarbeiten wurde das Grundstück einschließlich des Terrassendachs mit regionalen Pflanzen neu begrünt, um den steinigen Boden und die Vegetationsdecke wieder in den ursprünglichen Zustand zurückzuversetzen.

Ort: Séniergues, Département Lot — Raumprogramm: Hauptwohnsitz, ebenerdig, Wohnzimmer mit Essecke und integrierter Küche, Schlafzimmer mit Bad, Schlafzimmer mit WC, Innenhof an der Nordseite, große Terrasse an der Südseite, Büro mit eigenem Zugang — Bauherr: privat — Planung: Laurent Gouwy, Alain Grima, Jean-Luc Rames, Architekten, Toulouse — Grundstücksfläche: 40 ha; Wohnfläche: 156 m²; Garage und Nebenräume: 45 m² — Zeitplan: Planung 1998; Bauausführung Oktober 1999 bis Juli 2000 — Baukosten: 198.200 EUR brutto — Konstruktionssystem und Baumaterialien: Mauern aus Zementformstein (20 cm) mit innenseitiger Mineralwolle (9 cm) und Außenverkleidung aus Naturstein (25 cm), tragende Elemente aus Weißbeton-Blöcken (19 x 19 x 39 cm) an der Südfassade; IPE-Stahl als Fenstersturz über den Glasfronten, teilweise von Rundstahlstützen getragen; Fensterrahmen aus Aluminium mit Zweifachverglasung; Bodenbelag aus Terrakottafliesen (20 x 20 cm) im Innenraum, Terrassen in geschliffenem Beton; begrüntes Dach auf Hohlblockdecke aus Beton mit Isolierung aus Polyurethanschaum (10 cm) und mehrlagiger Abdichtung aus Bitumenfilz; galvanisierte Stahlseile als gespanntes Tragwerk für das Holzstabgewebe auf Metallstützen; Endanstrich mit Granitfarbe „Noir forge" (Oxiron Titan) an allen Bauteilen aus Stahl — Ökologische Maßnahmen: teilweise unterirdisches Gebäude zur Schonung des Landschaftsbilds und zur Nutzung der Wärmeträgheit der Erde; Verwendung von regionalem Kalkstein, nach einer traditionellen Technik trocken gemauert; Dachbegrünung mit regionalen Pflanzenarten; Außenjalousien mit Aluminium-Lamellen und Weinlauben an der Südfassade zur Verringerung sommerlicher Überhitzungen — Spezifische Ausstattung: offener Kamin im Wohnzimmer; Heizschlangen-Fußbodenheizung mit ölkessel-beheizter Wasserfüllung.

Im Sinne eines kritischen Regionalismus verbinden Gouwy, Grima und Rames zeitgemäßen Minimalismus mit einer Reihe traditioneller Anleihen.

Schnitt durch Außenwand.
1 Regionaler Kalkstein, 25 cm
2 Zementformstein, 20 cm
3 Luftschicht
4 Wärmedämmung
Steinwolle, 90 mm
5 Gipskarton, 13 mm
6 Terrasse aus poliertem
Beton
7 Stahlbetonplatte
8 Zementestrich mit
integrierter
Fußbodenheizung,
Bodenbelag Terrakotta
9 Gipsputz
10 Hohlblockdecke
11 Dampfsperre
12 Isolierung
Polyurethanschaum, 90 mm
13 Mehrlagige Abdichtung
14 Wurzelschutz
15 Pflanzerde

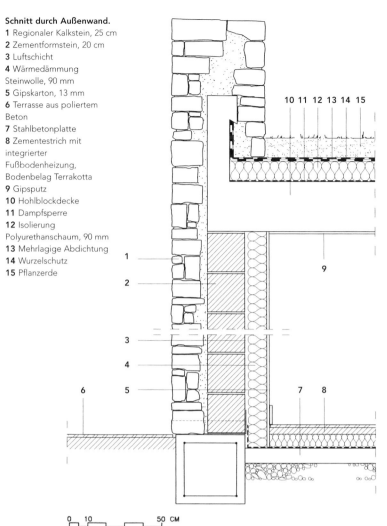

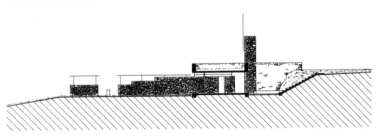

Querschnitt.

Von der regionalen
Bautradition inspiriert,
schafft die Erweiterung des
Wohnraums nach außen
einen Übergang zwischen
Unbebautem und
Bebautem, öffentlich
und privat, Vergangenheit
und Gegenwart.

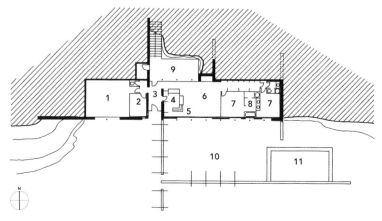

Grundriss.
1 Garage
2 Büro
3 Eingang
4 Küche
5 Essecke
6 Wohnzimmer
7 Schlafzimmer
8 Bad
9 Innenhof
10 Terrasse
11 Schwimmbecken

Stadthaus mit Atelier in Montréal, Kanada

Scheme/Marc Blouin mit François Courville

Ein räsonabler Umgang mit dem Planeten beginnt mit einer vernünftigen Nutzung des Landes, insbesondere in großen Ballungsräumen. Montréal gehört zu den Städten, in denen der Bau von Reihenhäusern gefördert und die Umwandlung ehemaliger industrieller Anlagen, ja selbst von religiösen Bauten, in halbgeschlossenen Siedlungen unterstützt wird, um urbane und suburbane Gebiete zu verdichten. Das vom Büro Scheme geplante Haus mit Atelier zeigt, dass man die Zersiedelung der Gebiete bremsen und Familien eine gesunde, helle Wohnung im Stadtzentrum bieten kann, in einer Siedlungsform zwischen individuellem und kollektivem Wohnen. Das Haus befindet sich in dem Arbeiterviertel Villeray, das in den 1920er Jahren erbaut wurde. Die Reihenhäuser besitzen hier straßenseitig alle einen direkten Zugang zu den zwei oder drei Geschosswohnungen. Die Eingliederung eines neuen Gebäudes in ein städtisches Gefüge wirft stets die Frage nach der Positionierung im urbanen Raster auf, nach Typologie und Nutzung, Faktoren, die Auswirkungen auf das Nachbarschaftsleben haben. Dieses Projekt wahrt die Kontinuität durch die Reihung und die Verwendung von Backstein in den Fassaden, bricht aber mit der vorhandenen Gebäudekubatur und dem architektonischen Vokabular. Das Projekt nutzt das 6 m schmale und 26 m tiefe Grundstück optimal aus. Die Vorder- und Hinterfassaden wurden auf die Bebauungsgrenze gesetzt, um Raum für einen zentralen Innenhof zu schaffen, um den sich alle Funktionen organisieren. Das Haus gliedert sich entlang einer Ostwest-Achse: ein langes, schmales Raster für Verkehrszonen und dienende Funktionen (Küche, Sanitärzellen, Technikraum); ein größerer Block für die Haupträume, die sich gleichzeitig zu den Fassaden und zum Hof hin öffnen. Das Grafikatelier, das Wohnzimmer und das Schlafzimmer orientieren sich zur rue de Gaspé; das Esszimmer und das kleine Zimmer über der Küche gehen zum Hof. Im Erdgeschoss unterstreicht das für den Bodenbelag im Innenbereich und im Hof verwendete Rohholz die Einheit des Ortes.

Das von der Straße zugängliche, halb unterirdische Atelier ist von dem privaten Bereich im Erdgeschoss abgetrennt. Dank einer Öffnung im Wohnzimmerboden profitiert das Atelier jedoch von einer doppelten Deckenhöhe und einer natürlichen Belichtung an der Straßenfassade. Diese raffinierte Verschachtelung des Raums erlaubt es, Kunden zu empfangen, ohne das Privatleben in der Wohnung zu stören. Die Stufen, die zum Obergeschoss führen, liegen dem Innenhof gegenüber, und der Versatz zwischen den beiden Treppen im Innenraum erleichtert die Trennung zwischen beruflicher und privater Nutzung. Die Lage der Öffnungen fördert eine natürliche Durchlüftung und macht eine Klimaanlage überflüssig. Durch das Spiel mit den Zwischenebenen, das teilweise Aushöhlen des Gebäudevolumens und das Herabsetzen der Deckenhöhe in den größeren Räumen führen die Architekten natürliches Licht in alle Zimmer, dynamisieren die Körper durch die Abwechslung zwischen Innen und Außen und verwandeln die gesamte Baufläche in bewohnbaren Raum.

Ort: 7770, rue de Gaspé, Montréal, Provinz Québec, Kanada — Raumprogramm: Stadthaus mit integrierten Arbeitsräumen; im Untergeschoss Atelier und Nebenräume; im Erdgeschoss Wohnzimmer, Esszimmer, Küche und Innenhof; im Obergeschoss zwei Schlafzimmer und Bad — Bauherr: François Courville und Andrée Lauzon — Planung: Scheme/Marc Blouin, Architekt, Montréal; François Courville, Landschaftsarchitekt; Mitarbeiter Philippe Lupien — Statik: groupe Génivar — Bauunternehmen: RSP Construction, Normand Belair — Grundstücksfläche: 156 m²; Wohnfläche: 250 m², davon 23 m² Atelier — Zeitplan: Planungsbeginn 1999; Bauausführung Mai bis September 2000 — Baukosten: 110.000 EUR brutto (Material und Umsetzung) — Konstruktionssystem und Baumaterialien: Brandwände aus Backstein; Fassade mit Holztragwerk, 4 cm Hinterlüftung und Verkleidung aus Backstein; sichtbares Tragwerk im Innenraum aus Kiefern-Brettschichtholz; nicht sichtbarer Dachstuhl aus Rotfichte (oder Spruce, kanadisches Nadelholz); Treppenstufen im Innenraum, Fensterrahmen und Bodenbelag im Innenhof aus Hemlocktanne (oder Schierlingstanne, kanadisches Nadelholz) sägerau, Parkettboden aus Nussholz, gesandstrahlt und lackiert; Innenraumverkleidung aus Gipskartonplatten; Abschluss des Innenhofs durch zwei verglaste einschiebbare Garagentore — Ökologische Maßnahmen: Wohnraumverdichtung im Stadtzentrum; sensible Eingliederung in ein Altbauviertel; Wohnen und Arbeiten unter einem Dach; zentraler Innenhof zur natürlichen Belichtung und Belüftung in einem schmalen und tiefen Raster; Verwendung von erneuerbaren oder wieder verwertbaren regionalen Materialien (Holz aus der Provinz Québec und Terrakottaziegel aus Montréal); teilweise begrüntes Dach; Warmluftheizung mit individuellem Erdgas-Heizkessel.

Wenn die zwei verglasten Garagentore unter der Decke eingeschoben sind, wird aus dem Innenhof ein eigenständiger Raum.

Die großzügigen Fenster-
fronten der Fassade zur
rue de Gaspé belichten
Wohnzimmer und Atelier.

Die Stufen der Treppe, die zu
den beiden Schlafzimmern im
Obergeschoss führen, sind aus
massiver, sägerauer Hemlocktanne, die Brüstung aus
Douglasie-Furniersperrholz.

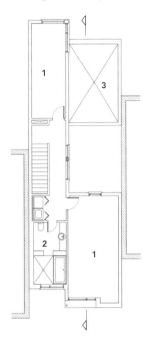

Grundriss Obergeschoss.
1 Schlafzimmer
2 Bad
3 Begrüntes Dach

WOHNRAUMVERDICHTUNG ALS MASSNAHME GEGEN DIE AUSDEHNUNG DER STÄDTE
Die Landflucht und die Konzentration der Bevölkerung in immer größeren Metropolen gehören
zu den wichtigsten Problemen unserer Zeit: 50 % der Weltbevölkerung leben bereits in Städten.
Das Phänomen betrifft alle Kontinente, die Industrieländer, wo die Suche nach Arbeit die
Menschen in die Städte treibt, ebenso wie die Entwicklungsregionen, in denen ein starkes
Bevölkerungswachstum herrscht. Die Ausbreitung der Städte hat schädliche Auswirkungen auf
Mensch und Natur: Zunahme der Verkehrswege und die daraus folgenden Beeinträchtigungen
(Lärm, Umweltverschmutzung), den Zerfall sozialer Strukturen, die Zerstörung der Landschaf-
ten. In der Provinz Québec wie in vielen anderen Regionen bieten Projekte zur Eingliederung
von Eigenheimen in das Stadtzentrum hinsichtlich Bodennutzung, Typologie und Funktion eine
Alternative zum frei stehenden Vorstadthaus, dem Einfamilienhausmodell.

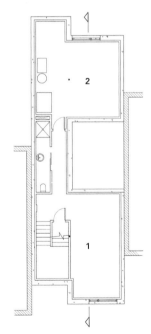

Grundriss Untergeschoss.
1 Atelier
2 Abstellraum

Längsschnitt.

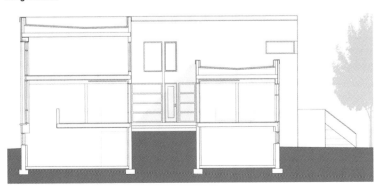

Grundriss Erdgeschoss.
1 Eingang straßenseitig
2 Luftraum über Atelier
3 Wohnraum
4 Innenhof
5 Esszimmer
6 Küche
7 Hof

Lehmhaus an der Großen Chinesischen Mauer

Yung Ho Chang

Yung Ho Chang gehört zu den chinesischen Pionieren einer bioklimatischen Architektur, die sich auf einen kritischen Regionalismus stützt. Angesichts der Vereinheitlichung von Gebäuden im westlichen Stil besteht seine Strategie darin, sich auf die vier Grundlagen der Architektur zu konzentrieren: das Grundstück, das Programm, den Raum und die Formen. Damit möchte er Widerstand leisten „gegen den tendenziellen Verlust von Qualität in der Architektur, oder von Architektur an sich, in diesem verrückten Wettlauf nach vorn, den China erlebt". Seine Mottos lauten: Mini statt Mega, Qualität statt Quantität, Langsamkeit (des Nachdenkens) statt Schnelligkeit, Ordnung statt Chaos.

Das „gespaltene Haus" (*Split House*) liegt im Norden Pekings, nahe der Großen Mauer, in einer bergigen Landschaft mit kontinentalem Klima, das heißt mit langen, kalten und trockenen Wintern und heißen und feuchten Sommern mit starken Regenfällen. Der Entwurf ist vom *Si He Yuan* inspiriert, einer jahrhundertealten Wohnform in Peking, die hier in eine natürliche Landschaft übertragen wurde. Die *Si He Yuan* bestehen aus niedrigen Gebäuden, die um einen oder mehrere Höfe angeordnet sind; sie stellen nicht nur ein hoch verdichtetes Wohnmodell dar, sondern symbolisieren auch ein gesellschaftliches Ideal. Die Häuser mit vier Flügeln um einen Innenhof, aus denen die alte Hauptstadtstruktur bestand, waren durch ein Netz aus Straßen und Gassen verbunden und bildeten die Viertel, die *Hutong*, deren heutige Zerstörung einen unbestreitbaren Identitätsverlust für China bedeutet.

Fernab von diesem dichten, urbanen Kontext und dem Lärm der Stadt kann sich das Haus von Yung Ho Chang weit öffnen und die natürliche Umgebung in den Kern des Gebäudes eindringen lassen. Ein Bach auf dem Grundstück wurde umgeleitet: In Schlangenlinien durchquert er den Hof und fließt unter dem verglasten Boden des Eingangspavillons, bevor er den Hügel hinunter plätschert. Das zwischen Berg und Wasser gelegene Haus wurde in seiner Mitte gespalten, um eine symbolische Vereinigung zwischen Natürlichem und Künstlichem zu schaffen, aber auch um pragmatischere Anliegen umzusetzen: die Erhaltung des Baumbestands, die Trennung zwischen eher öffentlichen Bereichen und privaten Funktionen, die Möglichkeit, nur einen Flügel zu benutzen, wenn wenig Bewohner anwesend sind, um den Aufwand für Instandhaltung gering zu halten.

Man betritt das Haus von Westen her und geht ein paar Treppenstufen hinauf. Der im Gelenk gelegene Holzpavillon erschließt gleichzeitig den öffentlichen Flügel mit Wohnzimmer, Mahjong-Zimmer und Veranda, und den privaten Flügel, welcher Empfangsraum, ein Esszimmer, eine Küche und Nebenräume umfasst. Die Schlafzimmer befinden sich im Obergeschoss, jeweils in der Mitte eines jeden Flügels. Das Tragwerk besteht aus Brettschichtholz-Stützen und -Trägern, die in einem 1 m-Raster angeordnet sind. Die meisten der zum Hof orientierten Wände sind verglast. Die dicken, aus gestampftem Lehm bestehenden Wände der Außenhaut schützen die Bewohner vor Winterkälte und sommerlicher Hitze – der verdichtete Lehm ist ein gutes Isoliermaterial. Wenn dieses Haus aus den traditionellen Baustoffen Holz und Lehm einmal nicht mehr gebraucht wird, kann es unter Zurücklassung minimaler Spuren auf dem Grundstück abgebrochen werden.

Ort: Shui Guan (Wassertor) an der Großen Mauer, Yanqing, Peking, China — Raumprogramm: Gästehaus auf zwei Ebenen; im Erdgeschoss Eingangspavillon zur Erschließung des öffentlichen Flügels mit Wohnzimmer, Mahjong-Zimmer und Veranda, und des privaten Flügels mit Empfangsraum, Esszimmer, Küche, Anrichte, Wohnung für Personal und Nebenräumen; im Obergeschoss eines jeden Flügels Wohnraum, zwei Schlafzimmer, zwei WC und zwei Terrassen — Bauherr: Red Stone Industrie — Planung: Atelier Feichang Jianzhu, Peking; Büro- und Projektleiter: Yung Ho Chang; Mitarbeiter: Liu Xianghui, Lu Xiang, Lucas Gallardo, Wang Hui, Xu Yixing — Statik: Xu Minsheng — Wohnfläche: 449 m² — Zeitplan: Planung September 2000 bis Mai 2001; Bauausführung Juni 2001 bis Oktober 2002 — Konstruktionssystem und Baumaterialien: Haupttragwerk Pfosten-Riegel-Konstruktion aus Brettschichtholz (Stützenquerschnitt: 100/280 mm im Erdgeschoss, 100/200 mm im Obergeschoss); Nordost- und Südwest-Außenwand, 50 cm dick, als Lehmstampfbau (Lehm ohne Zusatz, Schicht für Schicht zwischen Schalwänden mit einem Stampfer verdichtet) — Ökologische Maßnahmen: Eingliederung in die Topografie und Erhaltung des Baumbestands; bioklimatisches Konzept; Erstellung eines Prototyps mit vielen Variierungsmöglichkeiten; Verwendung der traditionellen, regionalen Baustoffe Lehm und Holz.

Wohnzimmer und Mahjong-Zimmer liegen im Erdgeschoss des „öffentlichen" Flügels dieses Gästehauses.

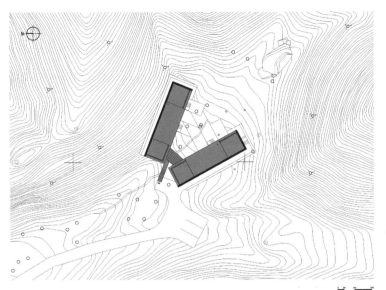

Grundriss Obergeschoss.
1 Wohnzimmer
2 Schlafzimmer
3 WC
4 Terrasse

Zugang zum Haus im Nordwesten.

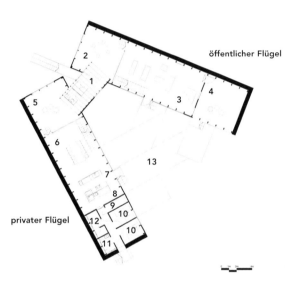

Grundriss Erdgeschoss.
1 Eingangspavillon
2 Mahjong-Zimmer
3 Wohnzimmer
4 Veranda
5 Empfangsraum
6 Esszimmer
7 Küche
8 Anrichte
9 Abstellraum
10 Personalbereich
11 WC
12 Technikraum
13 Hof

öffentlicher Flügel

privater Flügel

Am Fuß der Großen Chinesischen Mauer liegt dieses *Shan Shui Si He Yuan*: ein Haus um einen Hof, zwischen Berg und Wasser.

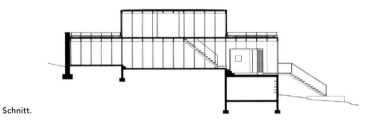

Schnitt.

NACHHALTIGE ENTWICKLUNG IN CHINA: EINE AUFGABE FÜR DEN GANZEN PLANETEN

Im beginnenden 21. Jahrhundert werden in China mit der Unterstützung westlicher Fachleute mit immer größerer Geschwindigkeit Wohnhäuser ähnlich jenen errichtet, die hierzulande vor 50 Jahren entstanden. Zwischen 2000 und 2003 ist die durchschnittliche Wohnfläche der 1,3 Milliarden Chinesen von 10 m^2 (ein Zimmer mit Küche und gemeinsamen Sanitäranlagen für mehrere Personen oder sogar mehrere Familien) auf 23 m^2 gestiegen (eine Wohnung mit Küche und eigenem WC). Die Verbesserung des Wohnkomforts ist nicht zu leugnen. Jedoch haben sich die in den Industrieländern während der Wachstumszeiten angewandten Rezepte, die jener im heutigen China vergleichbar sind, als nur begrenzt tauglich erwiesen. Zahlreiche Berater aus dem Ausland tragen zu falschen Lösungen bei, weil sie den regionalen Kontext verkennen. Selten werden jedoch Stimmen in China laut, die auf die Unverantwortlichkeit hinweisen, ein westliches Modell nach Asien zu importieren, dessen soziale und ökologische Konsequenzen hinlänglich bekannt sind. Yung Ho Chang, der Leiter des *Graduate Centre of Architecture* an der Universität von Peking, macht auf die Gefahren dieser übermäßigen Urbanisierung aufmerksam und sucht nach Lösungen, die für die dortige Kultur geeigneter sind.

44

Von oben nach unten:
Veranda, Schlafzimmer im
öffentlichen Flügel und
Esszimmer im Privatflügel.

Rechts: Oben der
Eingangspavillon, unten das
Wohnzimmer im
öffentlichen Flügel.

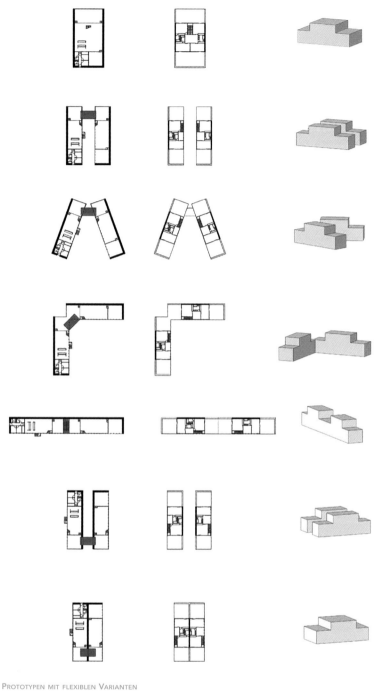

PROTOTYPEN MIT FLEXIBLEN VARIANTEN

Dieses Haus ist ein Prototyp, der in dem Tal mehrmals gebaut werden soll. Es bietet ein Höchstmaß an Flexibilität: Der Winkel zwischen den beiden Flügeln ist nicht festgelegt und kann den Bedürfnissen, den geografischen Bedingungen, der Topografie und den unterschiedlichen Geländeeigenschaften angepasst werden. Die beiden Flügel können an ihrer Längsseite verbunden werden, um ein großes Einfamilienhaus oder ein Doppel- oder Reihenhaus zu bilden. Sie können auch parallel um einen schmalen Hof oder in einem spitzen bis rechten Winkel angeordnet werden, um einen mehr oder weniger weiten Außenraum zu bilden. Angesichts der Notwendigkeit, schnell und in Massen zu bauen, wurde eine attraktive Alternative zur strengen Wiederholung entwickelt: Prototypen, die auf einem einfachen Konstruktionsprinzip beruhen, aber gleichzeitig eine große Freiheit bei der Aufteilung der Räume und der Montage der Module gestatten.

Mediterrane Villa auf den Balearen, Spanien

Ramón Esteve

Ibiza ist eine der vier Hauptinseln des Balearen-Archipels, einer spanischen autonomen Provinz, die einen großen Reichtum an Landschaften zu bieten hat: Berge, Talkessel im Hinterland und Küstenebenen. Im Sommer ist das Klima heiß und sonnig; im Winter liegen die monatlichen Durchschnittstemperaturen noch immer über 10° C. Diese idealen Bedingungen ziehen ausländische Besucher seit den 1930er Jahren an; der Tourismus ist die Haupteinnahmequelle des Archipels. Die traditionelle Architektur Ibizas, ein Konglomerat aus weißen Kuben mit massiven, nur von kleinen Öffnungen durchbrochenen Wänden, ist eine ständige Bezugsgröße für die Neubauten, die auf der Insel entstehen. Doch die zeitgemäße Übertragung dieser Typologie ist oftmals von einer betrüblichen Banalität und erreicht selten die Qualität der Villa von Ramón Esteve, einem auf Wohnhäuser spezialisierten Ästheten, der sämtliche Details selber zeichnet. Das Haus wurde im Nordwesten der Insel auf einen Felsvorsprung gebaut. Es war Intuition, die zur Wahl dieses einsamen Grundstücks führte, das über das Mittelmeer ragt: ein fünfseitiges Grundstück von 1.320 m² am Ende einer Straße, mit einem Höhenunterschied von 11 m. Der von Ramón Esteve empfundene Respekt für diese großartige, seit Jahrhunderten unveränderte Landschaft hat die notwendige Sensibilität geschärft, um einen Dialog zwischen Gebäude und unberührter Natur zu schaffen. Getreu der mediterranen Tradition besteht das Haus aus mehreren weißen Kuben, die das Grundstücksgefälle entlang derart gereiht sind, dass durch ihre Anordnung natürlich fließende Räume entstehen. Dieses Prinzip verbindet die Rationalität eines modularen Grundrisses, der sich aus Quadratflächen von ungefähr 5 m Seitenlänge zusammensetzt, mit einem den Bedürfnissen und Möglichkeiten folgenden organischen Wachstum. So wurde die Verteilung der Bauarbeiten auf mehrere Jahre erleichtert: drei Bauabschnitte zwischen 1996 und 2003. Die Verschiebungen im Grundriss und die funktional angepassten Deckenhöhen haben eine Fragmentierung der Volumina zur Folge, die an die Morphologie der Felsen erinnert, aus denen das Haus wie selbstverständlich hervorgeht. Die Flachdächer mehrerer Schlafzimmer im Gartengeschoss dienen als Terrasse im Erdgeschoss, das sich um das Überlauf-schwimmbecken herum entfaltet. Die 40 cm starken Betonwände bewahren die Kühle im Inneren. An der Ostfassade und an den Stirnwänden gibt es nur einige wenige schmale Öffnungen, doch natürliches Licht dringt von Westen her reichlich in die Haupträume und fällt durch Deckenöffnungen auf die mit Kalk verputzten Wände, die es reflektieren. Die großen, zum Meer hin ausgerichteten Fensterfronten sind vor der Sonne durch helle Tücher geschützt, die auf eine Tragstruktur aus galvanisiertem Stahl gespannt sind. Die Fenstereinfassungen aus Iroko und das Ständerwerk der Markisen rahmen das Panorama ein, während sich im Vordergrund das Wasser des Schwimmbeckens in die blaue Weite des Mittelmeers zu ergießen scheint. Wer würde nicht gerne auf einer der Kiefernbänke der Terrasse sitzen?

Ort: Na Xemena, Ibiza, Balearen, Spanien — Raumprogramm: zweigeschossiges Ferienhaus für bis zu zwölf Personen; im Erdgeschoss Wohnzimmer, Esszimmer, Küche, Arbeitszimmer und zwei Schlafzimmer mit WC, Terrasse und Schwimmbecken; im Gartengeschoss drei Schlafzimmer mit WC, Apartment für Personal, Waschküche, unterirdischer Regenwasserspeicher — Bauherr: José Gandia — Planung: Ramón Esteve, Architekt, Valencia (Gebäude, Innenausbau, Mobiliar); Mitarbeiter Juan A. Ferrero; Gebäudetechnik: Antonio Calvo — Generalunternehmer: Inrem — Flächen: Grundstück 1.320 m²; Bruttogeschossfläche 475 m², Wohnfläche 369 m² — Zeitplan: Planung 1996; erster Bauabschnitt 1997; zweiter Bauabschnitt 2001; Bauabschluss 2003 — Konstruktionssystem und Baumaterialien: Wände aus 40 cm starken Betonblöcken, Böden aus 30 oder 40 cm Stahlbeton; Kalkanstrich an Außen- und Innenwänden, natürliche Pigmente für die farbigen Flächen; Bodenbelag 7 cm Estrich mit polierter Oberfläche im Innenraum und rauer im Außenbereich; Fensterrahmen und Einbaumöblierung in Iroko aus einem nachhaltig bewirt-schafteten Wald in Westafrika; Fensterläden aus weiß lackiertem Stahl; Ständerwerk der Markisen aus galvanisiertem Stahl; Bänke aus Kiefernholz von wieder verwerteten Eisenbahnschwellen (vor über 50 Jahren mit Teeröl behandelt) — Ökologische Maßnahmen: Anpassung von Grundriss und Schnitt an die Topografie zur Minimierung von Erdarbeiten; Erhaltung der bestehenden Vegetation; Übertragung der regionalen Typologie; dicke Wände und Decken zur Luftkühlung; kleine Öff-nungen an Stirnwänden und Ostfassade; Sonnenschutz vor den Fensterfronten der Westfassade; Rückgewinnung des Regenwassers und Speicherung in einer 70.000 l-Zisterne zur Versorgung von Haus und Schwimmbecken.

Durch die Anordnung der Volumina entlang des Geländegefälles entstehen fließende Räume zwischen Arbeitszimmer, Wohnraum und Esszimmer.

Die Markisen vor der Westfassade sind aus Stofftüchern, die auf ein Gerüst aus galvanisiertem Stahl gespannt sind.

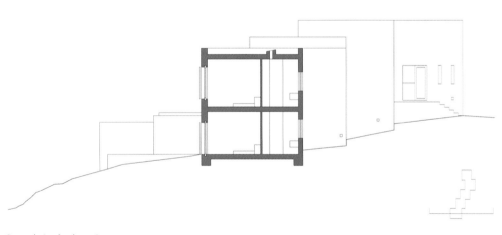

Querschnitt durch zwei Schlafzimmer.

Die aneinander gereihten weißen Kuben, aus denen sich das Haus zusammensetzt, liegen versteckt inmitten der Kiefern und Wacholdersträucher.

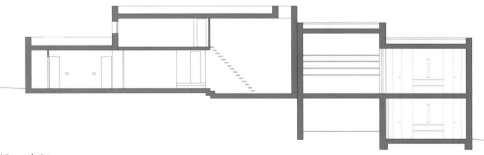

Längsschnitt.

0   5

Wie in den Kasbahs erschließen mehrere weiße, in die Wände integrierte Treppen die verschiedenen Terrassenebenen.

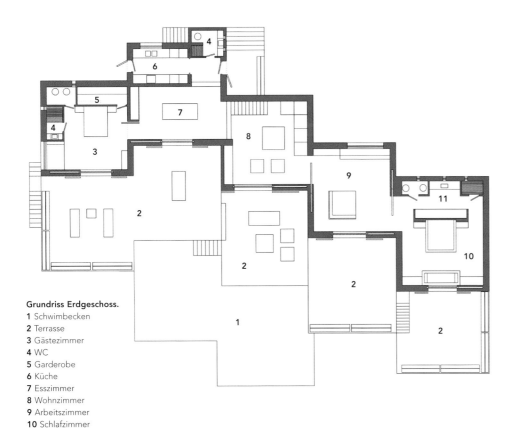

Grundriss Erdgeschoss.
1 Schwimbecken
2 Terrasse
3 Gästezimmer
4 WC
5 Garderobe
6 Küche
7 Esszimmer
8 Wohnzimmer
9 Arbeitszimmer
10 Schlafzimmer
11 Bad

Grundriss Gartengeschoss.
1 Terrasse
2 Schlafzimmer
3 Bad
4 WC
5 Garderobe
6 Schlafzimmer für das Personal
7 Waschküche
8 Wasserspeicher

0   5

ARCHITEKTONISCHER MINIMALISMUS

Eine gerechtere Verteilung der Ressourcen setzt eine Reduzierung der Bedürfnisse voraus, die von der Konsumgesellschaft oft künstlich erzeugt werden. In der Architektur kommt dieser Verzicht durch eine bewusste Nüchternheit zum Ausdruck: ein formaler Minimalismus, die Verwendung von herkömmlichen Materialien und eine sparsame Farb- und Materialpalette. Bei dem Haus in Na Xemena tritt die schlichte Architektur hinter der Landschaft zurück. Der Luxus besteht in der Pracht der Umgebung, den großzügigen Räumen und den raffinierten Details. Dem strahlenden Weiß der Außenhülle steht das Grau der horizontalen Flächen gegenüber: Böden aus Beton und Markisen aus Stofftüchern. Im Innenraum beleben einige Wände in Kobaltblau diese grauweißen Schattierungen. Das Iroko, eine exotische afrikanische Holzart, bringt ein warmes Material mit schillernden Farbtönen in diese asketische Atmosphäre und unterstreicht die Kontinuität der aneinander gereihten Räume: Aus Iroko sind die Regale im Arbeitszimmer sowie die zur Terrasse führenden Treppenstufen im Wohnzimmer.

Nachts wirft die Beleuchtung aus den kleinen viereckigen Öffnungen am Fuß der Wand ein warmes Licht auf den grauen Terrassenboden.

Die vom Architekten entworfenen Möbel sind von Gandia Blasco gefertigt.

Ein horizontaler Schlitz auf Augenhöhe vor dem Tisch im Arbeitszimmer rahmt einen Landschaftsausschnitt (unten rechts).

Horizontalschnitt durch die Wand. Die Fensterrahmen aus Iroko gleiten in die Betonwand. In geschlossener Stellung stehen die Läden aus weiß lackiertem Stahl vor der Außenwand.

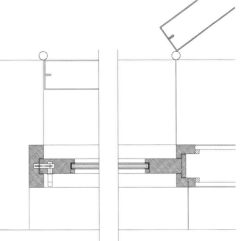

Haus an einem Hang in Schwarzenberg, Österreich
Dietrich I Untertrifaller

In den 1970er Jahren begann die Geschichte der Vorarlberger *Baukünstler* mit bio-klimatischen Holzhäusern, die für Freunde geplant und häufig im Selbstbau realisiert wurden. Modern ohne Militanz, ökologisch ohne Aufgeregtheit, hat die räsonable Architektur der Baukünstler, die der Funktionalität mehr Bedeutung beimisst als dem Erscheinungsbild, seither eine wachsende Zahl von Kunden überzeugt. Die Situation, die sich daraus entwickelt hat, ist paradox: In einem der wenigen österreichischen Bundesländer, in dem man nicht dazu verpflichtet ist, sein Haus von einem Architekten bauen zu lassen, greift eine Mehrzahl der Eigenheimbesitzer auf sie zurück.

Das Haus Kaufmann, ein weiteres Beispiel für die Balance zwischen Tradition und Moderne, liegt in Schwarzenberg, einem Dorf, das für seine eindrucksvollen Holzbauten aus dem 17. Jahrhundert mit geschnitzten und bemalten Fassaden bekannt ist. Man erkennt an ihm die archetypischen Elemente dieser Voralpenregion wieder: das kom-pakte Volumen mit Satteldach und eine Verkleidung aus Holzschindeln. Die entschei-dende Abweichung besteht in der Dimensionierung der Öffnungen: Beide Geschosse sind an der Ostfassade völlig verglast.

Helmut Dietrich hat sich die wichtigste Einschränkung des Grundstücks, seine starke Neigung, für eine Stilübung zunutze gemacht. Parallel zu den Höhenlinien gelegen, zeigt das Gebäude eine Höhenentwicklung, die minimal auf das natürliche Gelände einwirkt. Allein der Betonbügel der Garage tritt zur Straße hin in Erscheinung. Der Keller belegt eine unterirdische Zwischenebene, über der ein kleines Haus emporragt mit einem Grundstückszugang in jeder der beiden Ebenen. Schlafzimmer und Atelier befinden sich im Gartengeschoss mit einer Terrasse an der Ostseite. Um von der Sonne und dem Ausblick zu profitieren, folgen unter dem Dach Küche, Essecke und Wohnraum ohne Abtrennung aufeinander und werden durch eine Terrasse an der Westfassade fortgeführt. Das Holztragwerk für dieses Geschoss wurde

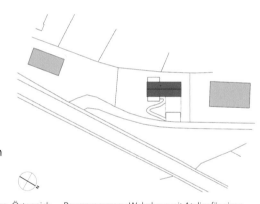

innerhalb von zwei Tagen auf die drei, teilweise unterirdischen Geschosse aus Beton montiert. Die sechs Dachpaneele wurden mit 24 cm Mineralwolle zwischen den Holzrahmen und einer 22 mm OSB-Platte auf jeder Seite geliefert. Um eine Spannweite von ca. 6 m ohne Zwischenstütze und ohne Untergurt zu überbrücken, wurden sie an den Seiten mit Stahlprofilen verstärkt, die vor Ort verschweißt wurden. Dank einer Wärmepumpe, die ebenfalls die Warmwasserversorgung im Sanitärbereich sichert, wird das Haus durch die Wärme der Außenluft über wassergefüllte Heizschlangen im Bodenestrich beheizt.

Die Ergänzung des Heizbedarfs geschieht durch einen gemauerten Holzofen im Wohnzimmer. Die Innenraumausstattung dieses Raums beschränkt sich auf zwei Holzarten: Parkett und Mobiliar sind aus Nussholz, die Verkleidungen aus Weißtanne. Diese Nüchternheit verstärkt die Einheit des weiten Raums, der auf das Fensterband ausgerichtet ist. Es erstreckt sich über die gesamte Ostfassade und legt sich um beide Ecken. Die niedrige Brüstung ist breit genug, um Stauräume unter einer Fensterbank zu bilden.

Ort: Schwarzenberg, Vorarlberg, Österreich — Raumprogramm: Wohnhaus mit Atelier für einen Grafiker auf vier Ebenen; im Erdgeschoss Garage und Zugangstreppe; Kellerraum im unter-irdischen Zwischengeschoss; im Gartengeschoss Garderobe, Atelier, Schlafzimmer und Bad; im Obergeschoss großer Wohnraum mit integrierten Bereichen für Wohnen, Essen und Kochen — Bauherr: C. Kaufmann — Planung: Dietrich I Untertrifaller, Architekten, Bregenz; Projektleiter: Helmut Dietrich — Bauausführung: Büro Dragaschnig, Schwarzenberg — Statik: Gehrer, Höchst — Grundstücksfläche: 663 m²; Wohnfläche: 151 m² (Wohnung und Atelier) — Zeitplan: Planung 2001; Bauausführung Oktober 2002 (Beton), März 2003 (Holz); Fertigstellung November 2003 — Konstruktionssystem und Baumaterialien: Wände in Kontakt mit dem Sichtbetonboden (25 cm), Außenisolierung aus Styropor (XPS Floormate 18 cm); Wände im Obergeschoss aus vorgefertigten Holzrahmenelementen mit Mineralwolle zwischen Dielen (20 cm) und einer querverlegten Isolierung an der Außenseite (10 cm); Bodenbelag im Wohnraum aus Massivholz (18 cm) aus Nut- und Feder-Holzdielen (Holzbau Greber); Dach aus vorgefertigten Holzkastenelementen mit Mineralwolle (24 cm) und einer querverlegten Isolierung an der Innenseite (8 cm); Fenster Dreifachverglasung mit Edelgasschicht in Fensterrahmen aus Weißtanne; Parkettboden aus Nussholz; Verkleidung im Innenraum aus Weißtanne im Wohnraum (Giebelwand aus Furnierplatten und Decke aus Nut- und Feder-Holztafeln), Terrassen aus Weißtanne-Dielen; hinterlüftete Ver-kleidung aus Weißtanne-Schindeln, Dachabdeckung aus Eternit-Zementfaser-Dachplatten — Ökologische Maßnahmen: Rücksichtnahme auf das natürliche Gelände (starke Neigung); Ver-wendung regionaler Ressourcen (Vorarlberger Weißtanne); verstärkte Wärmedämmung; Ver-wendung von Holz ohne chemische Behandlung und Oberflächenversiegelung; umkehrbare Luft/Wasser-Wärmepumpe für die Fußbodenheizung und das Warmwasser im Sanitärbereich; zusätzliche Wärme durch gemauerten Holzofen — Thermische Eigenschaften: Dreifachverglasung, U = 0,6 W/m²K, Holzrahmenfenster und Verglasung U = 0,9 W/m²K — Energieverbrauch: 48 kWh/m²/Jahr.

Der aus dem Bregenzer Wald stammende Helmut Dietrich hat in dieser Gegend schon mehrere Häuser gebaut, die den *genius loci* respektieren.

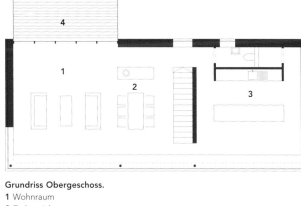

Grundriss Obergeschoss.
1 Wohnraum
2 Essbereich
3 Küche
4 Terrasse

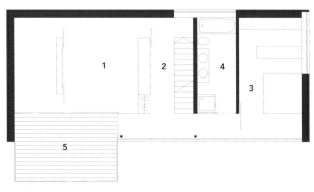

Grundriss Gartengeschoss.
1 Atelier
2 Garderobe
3 Schlafzimmer
4 Bad
5 Terrasse

**Grundriss Erdgeschoss
und Untergeschoss.**
1 Garage
2 Zugangstreppe
3 Keller

0   2,5   5

Schindeln, kleine Schuppen aus Weißtanne, die mit der Axt gespalten werden und in drei Schichten übereinander liegen, bedecken seit Jahrhunderten die Häuser im Bregenzer Wald.

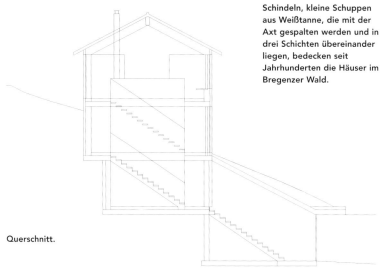

Querschnitt.

MATERIALMIX

Die Kombinierung von Massivholz und seinen Nebenprodukten mit Metall oder mineralischen Stoffen entspricht konstruktiven Zwecken sowie einer ökologischen und wirtschaftlichen Herangehensweise. Dieser Materialmix ermöglicht eine Optimierung der Leistungsmerkmale aller Materialien bei gleichzeitiger Beschränkung des Rohstoffeinsatzes auf das Notwendige. Beton, Stein und Terrakotta oder Lehm liefern die Wärmeträgheit zur Förderung des thermischen Komforts und dienen als Akustik- oder Feuerschutzelemente. Schraubstifte, Platinen und andere Stahlteile ermöglichen starke und gleichzeitig elegante Verbindungen; Kabel und Zugseile erlauben eine Reduzierung der Holzquerschnitte durch die Aufnahme von Zuglasten. Diese rigorose Anwendung der konstruktiven Logik, verbunden mit einem Streben nach Angemessenheit von Form und Funktion, ist eine der wichtigsten Motivationen in der zeitgenössischen Wohnarchitektur Vorarlbergs.

Ferienhaus auf Orcas Island, USA

Cutler Anderson Architects

Die Arbeit von James Cutler und Bruce Anderson ist dem von Frank Lloyd Wright Anfang des 20. Jahrhunderts initiierten Ansatz treu: Aufbauend auf einer präzisen Grundstücksanalyse werden regionale Materialien eingesetzt und bestimmte Elemente aus dem traditionellen Hausbau übernommen, ohne die Modernität außer Betracht zu lassen. Ihre Häuser gliedern sich sanft in die Inseln des sich zwischen Seattle und Vancouver erstreckenden Archipels ein und unterstreichen die Schönheit dieser unberührten Naturlandschaft. Ihre Architektur ist zugleich zeitgemäß und organisch: Die Gebäude fügen sich in ihre Umgebung ein, besitzen massive Sockel aus Stein oder Beton, die aus dem erhaltenen natürlichen Boden hervorragen, ein sichtbares Tragwerk und eine Holzverkleidung, die durch ein überstehendes Dach geschützt ist.

Das Haus Long auf Orcas Island ist für diese intuitive Herangehensweise an das Grundstück charakteristisch. In der Lichtung eines Nadelwaldes am Ufer eines Meerwasserkanals gelegen, erstreckt sich das Haus von Osten nach Westen, parallel zu den Höhenlinien, sodass der großzügige Wohnraum, das Esszimmer und die beiden Schlafzimmer nach Süden zur Meeresküste hin orientiert sind. Im Norden berührt die einzige Dachschräge fast den Boden; im Süden steigt sie auf bis auf 4,6 m. Beide Ecken sind verglast, um die Sonne und den Ausblick besser zu nutzen. Die Innenräume folgen fast ohne Türen fließend aufeinander. Der Sockel aus Sichtbeton ist von mehreren Terrassen umgeben, die dem Gefälle folgend Stufen bilden.

Der markante Teil des Gebäudes ist sein expressives Tragwerk aus Holz: Die aus Baumhölzern mit einem Durchmesser von ca. 15 cm zusammen gesetzten Dreipunktlagerungen tragen dicke, waagerechte Stammhölzer mit einer Länge von 3,7 m bis 18,3 m. Dieses Traggerüst besteht aus Redcedar (*Thuja plicata*), einem langsam wachsenden Nadelholz, das sehr stabil und leicht, und von Natur aus resistent gegen Insekten und Schimmelpilze ist. Die Baumstämme wurden vor Ort in einem Wald, der dem Vater des Bauunternehmers gehört, nach der jeweiligen Bestimmung ausgewählt und mit einem Hochdruck-Wasserstrahl entrindet. Ihre glatte und glänzende Oberfläche besitzt die Feinheit von Bambushaut.

Eine in den Balkenkern eingesetzte Stahlplatte ermöglicht den Anschluss an die Stützen: Die sechs falschen Holzdübel aus dunkler Zeder, die die eingelassenen Bolzen verdecken, unterstreichen die japanisch anmutende, elegante Verbindung.

Das Haus ist mit Shingles abgedeckt, einer Art Schindel aus gespaltenem Holz mit einer abgefasten Kante. Die Shingles sind aus Redcedar der höchsten Güteklasse (Blue Label), frei von Splintholz und Unreinheiten. An der Nordfassade erwecken ein Oberlicht-Fensterband vor den Rundbalken und vertikale Öffnungen vor den Dreipunkt-Auflagern die Neugier der Besucher für dieses Tragwerk, das sein Rohmaterial offen zeigt. Im Innenraum wird das Thema Holz auf raffinierte Weise mit anderen Holzarten ausgefaltet: Das Parkett besteht aus Buche, die Wandverkleidung aus einer gekalkten Lage Kiefernholz, die offen liegenden Dachsparren, die Decke und die Einbaumöbel sind aus Douglasfichte.

Ort: Orcas Island, Staat Washington, USA — Raumprogramm: eingeschossiger Zweitwohnsitz für ein Ehepaar und Gäste; Eingang, Arbeitszimmer, Wohnraum mit Essecke und integrierter Küche, zwei Schlafzimmer, zwei WC und mehrere Terrassen — Bauherr: Dixon und Ruthanne Long — Planung: Cutler Anderson Architects, Bainbridge Island; Projektteam: Jim Cutler, Julie Cripe, Chad Harding — Statik: De Ann Arnholtz SE, Coffman Engineers, Spokane, Washington — Generalunternehmer: Alford Homes, Poulsbo, Washington — Wohnfläche: 183 m² — Zeitplan: Planung 2000, Bauausführung 2003 — Konstruktionssystem und Baumaterialien: Sockel aus Sichtbeton, Pfosten-Riegel-Konstruktion aus entrindetem Stammholz (Western Redcedar), Dreipunktlager-Stützen aus Baumhölzern als Auflager für horizontale Baumstämme; Außenwand in Tafelbauweise mit 14 cm starrer Wärmedämmung, Innenraumverkleidung aus vertikalen, gekalkten Kieferndielen; Außenwandverkleidung aus Blue-Label-Redcedar-Schindeln; Fensterrahmen aus eloxiertem Aluminium; Parkettboden aus Buche; Inneneinrichtung und Einbaumöbel aus Douglasfichte; Nut-und-Feder-Dachschalung über sichtbaren Dachsparren aus Douglasfichte; Dachabdeckung aus Easy Lock Stahl-Trapezblech (Taylor Metal).

Zwei Stützen eines jeden Dreipunktlagers sind im Betonsockel durch einen rostfreien Stahlwinkel verankert, der in den Kern der Baumhölzer eindringt.

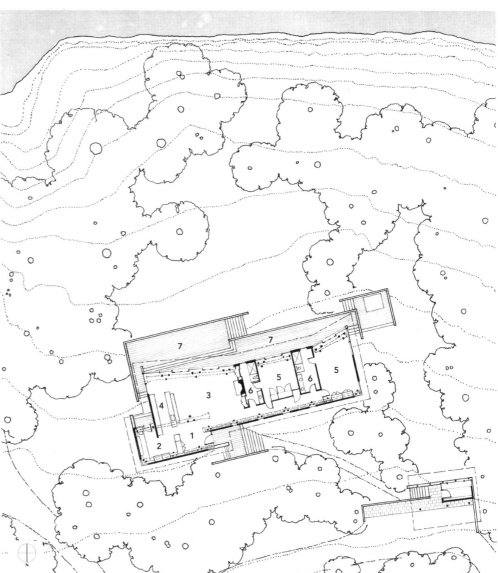

Grundriss Erdgeschoss.
1 Eingang
2 Arbeitszimmer
3 Wohnzimmer und Essecke
4 Küche
5 Schlafzimmer
6 WC
7 Terrasse

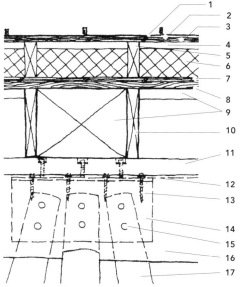

Längsschnitt durch Dach-
aufbau und Verbindungs-
punkt zwischen Träger und
den drei Rundstützen.

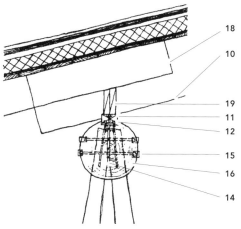

Querschnitt durch
Verbindungspunkt zwischen
Träger und Rundstützen.

1 Abdeckung aus
Trapezblech Easy Lock
2 Dampfsperre
3 Furniersperrholz, 13 mm
4 Luftschicht
5 Dachsparren 3,8 x 14 cm,
Achsmaß 40 cm
6 Starre Wärmedämmung
7 Furniersperrholz, 13 mm
8 Nut- und Feder-
Dachschalung aus
Douglasfichte 1,9 x 14 cm
9 Luftschicht
10 Dachsparren aus
Douglasfichte 3,8 x 28,6 cm,
Achsmaß 40 cm
11 Stahlverbindung 9 x 9 cm
12 Stahlplatine
0,6 x 9 x 61 cm
13 Schrauben, Durchmesser
9,5 mm, Achsmaß 7,6 cm
14 Stahlkern 1,6 x 25 x 61 cm
15 Falscher Holzdübel zur
Abdeckung der versenkten
Bolzen
16 Rundträger aus Redcedar
17 Rundstütze aus Redcedar
18 Dachsparren aus
Douglasfichte 3,8 x 18,4 cm,
Achsmaß 40 cm
19 Holzpfette 3,8 x 23,5 cm

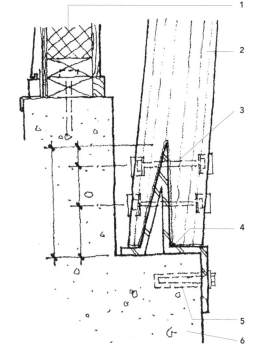

Schnitt durch den
Befestigungspunkt der
Rundstützen auf dem
Betonsockel.

1 Außenwand in Tafelbauweise, Rahmenpfosten
3,8 x 14 cm
2 Rundstütze aus Redcedar
3 Schraubstab, Durchmesser
1,9 cm
4 Verbindungselement Stahl,
rostfrei, 1,3 cm
5 Verschraubter Ankerstab
6 Betonsockel

Energieautarkes Haus in Stuttgart, Deutschland

Werner Sobek

Werner Sobek hat die Gestaltung seines eigenen Hauses dazu genutzt, um sein Konzept des Wohnens im 21. Jahrhundert zu erproben. Das Ergebnis der mit Klima- und Netzwerkspezialisten durchgeführten Planung ist ein kompromissloses Manifest: Kein einziger Vorhang stört die Transparenz dieses energieautarken Kubusses, der an allen vier Fassaden verglast ist und dessen modulare Bestandteile problemlos am Ende ihres Lebenszyklusses wieder verwertet werden können. Die Einwirkung auf das Grundstück ist minimal: geringe Grundfläche, Bodenplatte auf Längsschwellen, keine unterirdisch verlegten Rohrleitungen. Das Haus liegt an einem der bewaldeten Hänge, die das Zentrum Stuttgarts überragen: Der Höhenunterschied zwischen Talkessel und Hochebene beträgt bis zu 300 m. Ein schmaler Steg aus Stahl führt zum oberen Geschoss, in dem sich Eingang, Küche und Essbereich befinden sowie ein Leerraum über dem darunter liegenden Wohn- und Arbeitsbereich. Die nächste Ebene ist dem Schlafzimmer der Eltern vorbehalten; das zweite Schlafzimmer befindet sich im Gartengeschoss. Die Sanitärblöcke und die Technikräume sind als einzige durch Wände abgetrennt; die übrigen Räume sind offen und erweiterbar und durch Deckenöffnungen miteinander verbunden, sodass in allen Richtungen visuelle Kontinuität und Transparenz hin zur dichten Vegetation und zur Landschaft bestehen. Die Atmosphäre in diesem nüchternen Raumvolumen ist von Minimalismus geprägt: Die Badewanne und die spärlichen Möbel wurden vom Architekten entworfen; die Stühle und Sessel stammen aus dem Repertoire großer moderner Architekten.
Auf einem Raster von 2,9 x 3,85 m aufbauend, besteht das sichtbare Tragwerk aus IPE 200-Trägern, die durch einfache Verbindungen auf quadratischen Stützen mit 10 cm Kantenlänge befestigt sind; die Aussteifung erfolgt durch Auskreuzung mit Zugbändern. Das Stahlgerüst, in vier Tagen auf der Baustelle zusammengeschraubt, ist mit vorgefertigten *Mono-Material*-Elementen kombiniert: Mehrschichtholz-Bodenplatten, abgehängte Decken aus Aluminium und 1,4 x 2,8 m große Glasfronten mit einem Abstand von 40 cm zum Tragwerk.

Dieses „intelligente Haus" wird durch eine computergesteuerte Haustechnikanlage kontrolliert. Sie umfasst eine Reihe technischer Neuerungen, darunter eine Dreifachverglasung mit der Dämmfähigkeit von 10 cm Mineralwolle. Durch die kostenlose Verfügbarkeit von Solarenergie ist die globale Energiebilanz positiv, das heißt, dass der Energiegewinn über den Wärmeverlusten liegt. Einige Glasfronten sind mit einem Motor ausgestattet, um das Öffnen nach außen zu ermöglichen und eine natürliche Belüftung durch Kamineffekt zu fördern. Für den thermischen Komfort sorgen Bauelemente mit kaltem oder warmem Wasserdurchfluss. Sie werden aus einem 12 m³ fassenden Wassertank gespeist, in dem die akkumulierte Sommerwärme längerfristig gespeichert werden kann. Das Energiekonzept wurde mit der TRNSYS-Software von den Klimaingenieuren bei Transsolar optimiert, dessen Gründer, Matthias Schuler, für seine raffinierten, dem Architekturprojekt stets angepassten Lösungen bekannt ist.

Ort: Stuttgart, Baden-Württemberg, Deutschland — Raumprogramm: Hauptwohnsitz auf vier Ebenen für ein Ehepaar mit Kind, Haupteingang im letzten Geschoss; auf Ebene 0 Eingang, Küche und Essbereich; auf Ebene -1 Wohn- und Arbeitsbereich, Sanitärblock; auf Ebene -2 Schlafzimmer, Bad und Sanitärblock; auf Ebene -3 Schlafzimmer, Technikräume und Nebeneingang — Bauherr: Ursula und Werner Sobek — Entwurf und Statik: Werner Sobek Ingenieure, Stuttgart; Werner Sobek, Architekt —Klimaengineering: Transsolar, Stuttgart, Klimaingenieur Matthias Schuler; Haustechnik: Büro Frank Müller, Weissach; Regelungstechnik: Baumgartner, Kippenheim — Wohnfläche: 250 m² — Zeitplan: Planung 1998; Bauausführung Oktober 1999 bis Juni 2000 — Konstruktionssystem und Baumaterialien: Haupttragwerk aus Stahlstützen (100 x 100 x 10 mm) und IPE 200-Trägern, horizontal und vertikal durch Andreaskreuze aus Zugbändern (10 x 60 mm) ausgesteift; Bodendecken aus 2,8 x 3,75 m Mehrschicht-Holzplatten (6 cm stark) auf Neoprenlagern; Außenhülle aus Dreifachverglasung mit Edelgasschicht (Argon) für niedrigen Emissions- und hohen Transmissionsgrad — Ökologische Maßnahmen: geringe Einwirkung auf das Grundstück und eine dem Gelände angepasste Gebäudelage; trockene Bauweise ohne Gips oder Beton (mit Ausnahme des Fundaments); leichte Sekundärstruktur aus vorgefertigten Mono-Material-Elementen, leicht abbaubar und wieder verwertbar; autarker Energiehaushalt für Warm- und Kaltluft; verstärkte Wärmedämmung an der Außenhülle durch Dreifach-Isolierverglasung, 24 cm Mineralwolle unter dem Deckenboden des Gartengeschosses und 32 cm in der Dachdecke; natürliche Belüftung (automatisch gesteuertes Öffnen der Glasfront) — Spezifische Ausstattung: Erdreich-Wärmeaustauscher zum Erwärmen der Frischluft; Deckenelemente aus Aluminium mit integrierten Kupferleitungen zum Heizen und Kühlen der Raumluft (40 % der Wohnfläche); Doppelstrombelüftung mit Hochleistungs-Wärmeaustauscher für die Abluftwärme; Photovoltaikanlage mit Anbindung an das öffentliche Stromnetz (48 Module mit einer Größe von je 81,5 x 137,5 cm, maximale Leistung 6,72 kW); 12 m³ großer Wassertank zum langfristigen Speichern der im Sommer aufgenommenen Wärmeenergie; computergesteuerte Haustechnikanlage mit Fernsteuerung (Tür- und Fensteröffnung, Temperaturregelung, Beleuchtung, Gartenbewässerung usw.) – Thermische Eigenschaft der speziellen Dreifach-Isolierverglasung: U = 0,45 W/m²K.

Das unter Bäumen versteckte Glashaus befindet sich gleichzeitig in der Nähe zur Natur und zur Stadt.

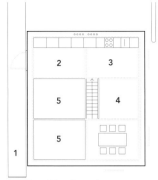

Grundriss Ebene 0.
1 Eingangsbrücke
2 Eingang
3 Küche
4 Essbereich
5 Luftraum über Wohnbereich

Grundriss Ebene -1.
1 Wohnbereich
2 Arbeitsbereich
3 Sanitärblock
4 Luftraum

Grundriss Ebene -2.
1 Schlafzimmer
2 Bad
3 Sanitärblock

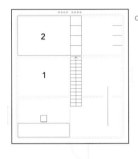

Grundriss Ebene -3.
1 Schlafzimmer
2 Wasserspeicher

Der Wohn- und Essbereich in den beiden oberen Ebenen ragt über die Baumkronen hinaus und bietet einen weiten Ausblick auf die Stadt.

Um Zugang und Wartung zu erleichtern, wurden die Versorgungsleitungen in horizontalen Kanälen aus Aluminium zwischen Tragwerk und Fassade sowie in vertikalen Schächten verlegt.

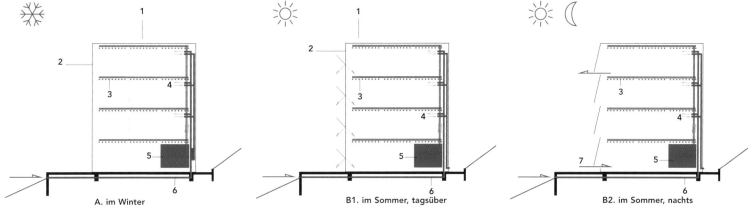

| A. im Winter | B1. im Sommer, tagsüber | B2. im Sommer, nachts |

Energiekonzept.

1 Photovoltaikanlage mit Anschluss an das öffentliche Stromnetz.
Die 48 horizontal angeordneten Module auf dem Dach (Höchstleistung 6,72 kW) erzeugen die notwendige Energie, um den Energiebedarf der technischen Anlagen zu decken (Wärmepumpe, mechanische Belüftung usw.).

2 Dreifach-Isolierverglasung.
A. Durch den niedrigen Flächen-Transmissionsgrad ($U = 0,45 \text{ W/m}^2\text{K}$) bleiben die Wärmeverluste im Winter trotz großzügiger Fensterflächen im Innenraum gering.
B. Die Aufheizung des Wohnraums im Sommer wird durch eine wärmeregulierende Klimafolie verhindert, die die Infrarotstrahlen zu großen Teilen reflektiert.

3 Integrierte Heiz- und Kühlelemente in der Deckenkonstruktion.
A. Im Winter wird die Luft durch das in Kupferrohren zirkulierende Warmwasser erwärmt.
B. Im Sommer kühlt das Wasser die Raumluft. Die während des Durchlaufs aufgenommene Wärme wird von einem Wärmetauscher absorbiert.

4 Doppelstrom-Belüftung mit Hochleistungs-Wärmeaustauscher (ca. 90 %) zur Wärme-Rückgewinnung aus der Abluft.

5 Wasserspeicher 12 m³.
A. Nutzung der im Sommer gespeicherten Wärmeenergie zu allen Jahreszeiten.
B. Langfristige Speicherung der gewonnenen Energie in einem Wassertank.

6 Wärmeaustauscher zur Nutzung der fast konstanten Abwärme aus dem Erdreich.
A. Im Winter wird die Zuluft in unterirdischen Leitungen vorgewärmt.
B. Im Sommer wird die Frischluft in den Leitungen gekühlt.

7 Die automatisch gesteuerten Fensterelemente (mindestens zwei pro Geschoss) fördern die natürliche Durchlüftung des Innenraums durch einen Kamineffekt.

Haus in den Bergen, Vorarlberg, Österreich

Wolfgang Ritsch

Wolfgang Ritsch gehört zu den Anführern einer Bewegung, die sich in den 1970er Jahren mit einer Gruppe junger Fachleute aus dem Vorarlberg gegen die Architektenkammer in Wien stellte. Dieses elegante wie funktionale Gebäude zeugt von dem Gleichgewicht zwischen Tradition und Moderne, das die *Baukünstler* seither gefunden haben. Das Haus bildet mit einem bestehenden Golfklub ein Ensemble, das sich in 1.020 m Höhe gelungen in einen Wintersportort einfügt. Die Hauptwohnung liegt im Obergeschoss über einem Büro und zwei kleinen Mietwohnungen. Die Erschließungs- und Technikräume, längs der Nordfassade aneinander gereiht, fungieren als Pufferzone. Die westliche Stirnwand und die gedrungene Nordfassade bilden einen Schutzschild gegen die Witterung und sind mit den typischen kleinen Schindeln aus Weißtanne verkleidet. Die Südfassade und die östliche Stirnwand sind verglast, um von Sonne und Ausblick zu profitieren. Der breite Überstand des nach Süden ansteigenden Pultdachs schützt den vor den Wohn- und Schlafbereichen umlaufenden Balkon und verschattet die Fenster im Sommer. Der geringe Energieverbrauch basiert auf einer ganzheitlichen Konzeption, bioklimatische Maßnahmen mit optimierten technischen Anlagen kombiniert: Erdwärmeregister, Doppelstrom-Belüftung und Sonnenkollektoren für das Warmwasser im Sanitärbereich. Der mit einem Wärmeaustauscher ausgestattete gemauerte Holzofen beheizt das Wohnzimmer und den Flur durch direkte Abstrahlung und erwärmt das Wasser der Fußbodenheizung auf 30° C.

Im Brandnertal, wo die Temperaturen öfter unter –15° C sinken, bildet die gemütliche Stube immer den Mittelpunkt des Familienlebens. In ihren Wänden aus hellem Holz, der niedrigen Decke und dem Holzofen drückt sich hier die Anerkennung der regionalen Lebensart aus. Die Modernität des Hauses besteht im Minimalismus des Entwurfs und dem Mix der Materialien. Im Erdgeschoss füllen vorgefertigte Holzrahmenelemente die Zwischenräume zwischen den schmalen Stahlstützen, die die Decke tragen. Die Bodenplatten sind aus Stahlbeton, ebenso die Garagenwände, die das Tragwerk in Querrichtung aussteifen. Die Wandtafeln im Obergeschoss sind tragend: Stahlstützen wurden allein an der südöstlichen Seite hinter die Glasfront gesetzt. Die Dachelemente bestehen aus zwei Dreischichtplatten, die auf einem Brettschichtholz-Rahmen befestigt sind. Diese vorgefertigten K-Multibox-Hohlkastenelemente, die einen weiten Dachüberstand ermöglichen, sind in konstruktiver und wirtschaftlicher Hinsicht konkurrenzfähige Systembauteile.

Ort: Brand, Vorarlberg, Österreich — Raumprogramm: Haus mit Hauptwohnung und zwei Ferienwohnungen; im Erdgeschoss eine Zweizimmer-Wohnung und ein Apartment, ein getrenntes Büro, Garage, Technikraum und Abstellraum; im Obergeschoss Hauptwohnung mit Bibliothek, Stube, Essecke mit integrierter Küche, drei Schlafzimmer, Bad und zwei Abstellräume — Bauherr: Familie Schedler — Planung: Wolfgang Ritsch, Baukünstler, Dornbirn — Statik: Christian Gantner — Grundstücksfläche: 7.331 m²; Wohnfläche: 226 m² — Zeitplan: Planung 2001; Bauausführung Juni 2001 bis September 2002 — Konstruktionssystem und Baumaterialien: Mischkonstruktion Beton/Holz/Metall, Decke und Garagenwände aus Stahlbeton, Stahlstützen im Fassadenbereich, Innen- und Außenwände als Holzrahmenkonstruktion (36 cm Mineralwolle), Dach aus Fichte-Hohlkastenelementen mit einer Aufbauhöhe von 35 cm (30 cm Mineralwolle); Trittschall- und Wärmedämmung der Bodendecken aus Thermotec®, einem Produkt auf der Grundlage von wieder verwertetem Schaumstoff-Granulat mit einem mineralischen Bindemittel (23 cm); Verkleidung im Innenraum, Decke und Mobiliar aus Vorarlberger Weißtanne; Ahorn-Parkett; Holzrost aus Lärche mit verdeckter Befestigung auf dem umlaufenden Balkon; an Süd- und Ostfassade Fichte-Dreischichtplatten mit grauem Anstrich; an Nord- und Westfassade Schindeln aus Vorarlberger Weißtanne; Dachdeckung aus Kupfer — Ökologische Maßnahmen: kompaktes Volumen zur Geringhaltung der Wärmeverluste; Haupträume im Süden, dienende Funktionen im Norden; Hauptfassade nach Süden zur Nutzung der kostenlosen Sonneneinstrahlung; Außenhülle mit verstärkter Wärmedämmung; Verwendung regionaler Ressourcen (Weißtanne) — Spezifische Ausstattung: Erdwärmeregister (zwei Rohre mit 20 cm Durchmesser, Gesamtlänge 43 m); Doppelstrom-Belüftung mit Hochleistungs-Wärmetauscher für die Außenluft; gemauerter Holzofen mit direkter Wärmeabstrahlung (50 %) und zum Betreiben der Fußbodenheizung (50 %); Warmwasser im Sanitärbereich durch Sonnenkollektoren (14 m²) und Nachtstromspeicher — Thermische Eigenschaften: Wände als Holzrahmenkonstruktion U = 0,11 W/m²K; unterirdischer Sockel an der Nordfassade U = 0,25 W/m²K; Verglasung U = 0,7 W/m²K; Erdgeschossboden U = 0,11 W/m²K; Dach U = 0,11 W/m²K — Energieverbrauch: 22,5 kWh/m²/Jahr

Harmonisch in die Berglandschaft eingefügt, ist das Haus ein gelungenes Beispiel für eine Mischkonstruktion aus Stahlbeton, Stahl und regionalem Holz.

Energieeinsparungen werden durch passive Maßnahmen gefördert: Gebäudeform, Orientierung der Räume, verstärkte Wärmedämmung an der Außenhaut.

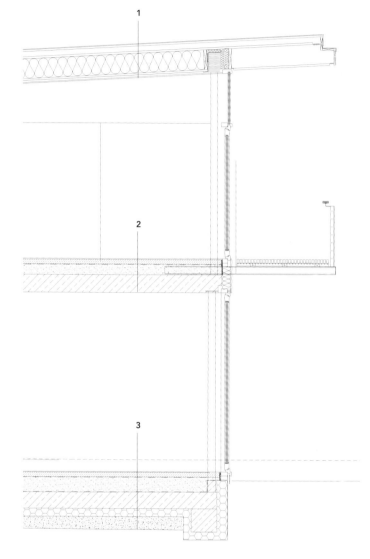

DIE KULTURELLE BESONDERHEIT VORARLBERGS

In Vorarlberg, einem kleinen Bundesland mit 350.000 Einwohnern im Westen Österreichs, hat sich die Zahl energiesparsamer Holzkonstruktionen in letzter Zeit vervielfacht. Diese ökologische Architektur ist jedoch nur der sichtbare Teil eines Phänomens, das in den 1970er Jahren begann, als sich einige Architekten unter dem Namen *Baukünstler* dem Diktat der Wiener Architektenkammer widersetzten. Die kulturelle Besonderheit Vorarlbergs besteht vor allem in der Qualität der menschlichen Beziehungen und einem Klima des Vertrauens, das jeden dazu motiviert, bestmöglich zur Dynamisierung der Region beizutragen. Dieses Streben nach einer zugleich kreativeren, gerechteren und solidarischeren Gesellschaft wird durch die Abwesenheit von Technokratie und den Pragmatismus einer Gesellschaft gefördert, die lange zu den ärmeren gehörte und deshalb darauf bedacht ist, lokale Ressourcen effizient zu nutzen. Vorarlberg, dieses weltoffene und doch an seiner Identität festhaltende Land, zeigt in nachahmenswerter Weise die Vorzüge der Umsetzung einer nachhaltigen Entwicklung im Alltag.

Querschnitt.

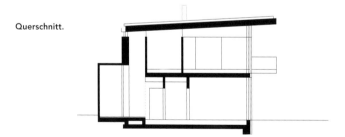

Längsschnitt.

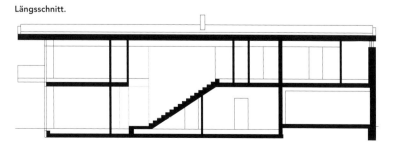

Fassadenschnitt (Nordfassade).

1 Dachaufbau
• Blecheindeckung Kupfer
• Unterdach Bitumen
• Dachschalung 24 mm
• Dachsparren 80 x 80 mm
• Multibox 35 cm:
Dreischichtplatte K1
Multiplan 27 mm
Brettschichtholz-Rahmen
Wärmedämmung:
Mineralwolle zwischen Dielen
30 cm
Dreischichtplatte K1
Multiplan 27 mm
• Dampfsperre
• Lattung 30 x 50 mm
• Konterlattung 30 x 50 mm
• Dämmung zwischen
Lattung/Konterlattung

• Deckenschalung
Vorarlberger Weißtanne
12 mm

**2 Bodenaufbau
Obergeschoss**
• Ahornparkett 10 mm
• Estrich 70 mm mit
Fußbodenheizung
• Wärme- und
Trittschalldämmung:
Thermotec®: Styropor-
Granulat mit mineralischem
Bindemittel 23 cm
• Bodenplatte Stahlbeton
25 cm

**3 Bodenaufbau
Erdgeschoss**
• Ahornparkett 10 mm
• Estrich 70 mm mit
Fußbodenheizung
• Dampfsperre
• Wärme- und
Trittschalldämmung:
Thermotec®: Styropor-
Granulat mit mineralischem
Bindemittel 23 cm
• Abdichtung
• Bodenplatte Stahlbeton
25 cm
• Wärmedämmung:
extrudierter Polystyrolschaum
Floormate 500 12 cm
• Vlies
• Dränschotter 15 – 20 cm

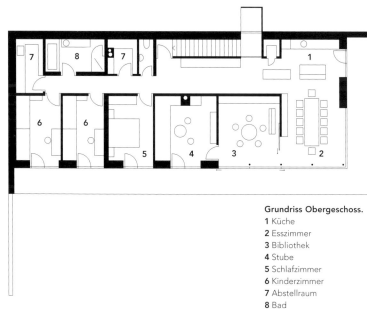

Grundriss Obergeschoss.
1 Küche
2 Esszimmer
3 Bibliothek
4 Stube
5 Schlafzimmer
6 Kinderzimmer
7 Abstellraum
8 Bad

THERMISCHER KOMFORT

72

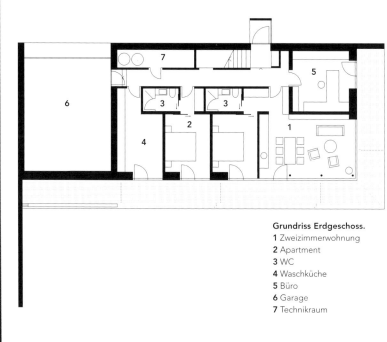

Grundriss Erdgeschoss.
1 Zweizimmerwohnung
2 Apartment
3 WC
4 Waschküche
5 Büro
6 Garage
7 Technikraum

0   1   5   10

VORGEFERTIGTE ELEMENTE ZUR KOSTENSENKUNG UND FÜR VERBESSERTE PRÄZISION

Das Aufkommen einer industriellen Logik und die allgemeine Einführung der informatisierten Datenverarbeitung seit den 1990er Jahren haben zu deutlichen Fortschritten in dem sehr leistungsfähigen Holz verarbeitenden Gewerbe Vorarlbergs geführt. Die werkseitige Vorfertigung verbessert die Arbeitsbedingungen auf der Baustelle, ermöglicht ein Höchstmaß an Präzision der Elemente, leistet einen Beitrag zur Kosteneinhaltung und erleichtert die Beseitigung des Abfalls, der häufig zum Beheizen der Werkstatt und der Büros verfeuert werden kann. Die industrielle Vorfertigung verkürzt zwar die Dauer der bauseitigen Ausführung, sie verringert jedoch nicht die Planungszeit. Sie verlangt im Gegenteil ein gründliches Vorgehen in der Planungsphase, denn viele Entscheidungen müssen früher als im herkömmlichen Hausbau getroffen werden. Doch alle profitieren bald von der gewonnenen Erfahrung, weil zahlreiche bei einem Bauprojekt entwickelte Details in späteren Projekten wieder angewendet und sukzessive optimiert werden können.

Drei Reihenhäuser in Küsnacht, Schweiz

Barbara Weber und Bruno Oertli

Diese Reihenhäuser liegen in einer Wohnsiedlung von Küsnacht, einem Zürcher Vorort am Nordufer des Zürichsees. Der Komplex ist mit seinen drei Wohneinheiten auf einem 1.108 m² großen Grundstück, das ursprünglich für ein einziges Einfamilienhaus vorgesehen war, beispielhaft für die Verdichtung von Wohnraum, wie sie in den deutschsprachigen Ländern immer häufiger praktiziert wird. Dieser auch politische Wille entspringt dem Anliegen, die Landschaft vor Zersiedelung zu schützen, gegen die städtische Ausbreitung anzukämpfen sowie umweltverschmutzenden und Stress verursachenden Verkehr zu vermindern. Das Zusammenfassen von Wohnen und Arbeiten in einem einzigen Gebäude stellt ebenfalls eine wirtschaftliche Notwendigkeit dar, die durch den hohen Anstieg der Grundstückspreise unumgänglich geworden ist. Das stark abschüssige Gelände genießt eine Südwest-Sonnenlage. Die Bebauungs-vorschrift sieht eine Begrenzung der Gebäudehöhe auf drei Geschosse vor, um den Ausblick der benachbarten Häuser nicht zu beeinträchtigen. Die Häuser sind in Zwischenebenen gegliedert, um der Topografie besser gerecht zu werden. Die klare Hierarchisierung der durch Sichtbetonwände getrennten Außenräume ermöglicht die optimale Nutzung der sehr kleinen Parzelle: Für das mittlere Haus stehen ganze 230 m² zur Verfügung. Von der Straße aus führen drei Gehwege aus Betonplatten zu den Ein-gängen einer jeden Wohneinheit. Die vor dieser Südwestfassade gelegenen Garagen sind halb unterirdische, eigenständige Baukörper, die mit begrünten, von dem kleinen Eingangshof zugänglichen Terrassen bedeckt sind.

Im Mittelhaus, in dem die Architekten Weber und Oertli wohnen und arbeiten, liegt das Büro im Erdgeschoss. Darüber befinden sich zwei nach Südwesten orientierte Schlafzimmer mit Balkon. Das Hauptschlafzimmer an der Rückseite ist einem privaten Hof zugewandt, von dem aus man über eine Wendeltreppe in das Obergeschoss gelangt. Wohn- und Esszimmer belegen das letzte Halbgeschoss und profitieren von dem Ausblick auf den See. Die Nasszellen liegen übereinander im nordöstlichen Winkel. Der Schallschutz zwischen den Gebäuden wird in den Trennwänden durch eine 6 cm starke Isolierung zwischen den beiden 15 cm dicken Backsteinwänden, und in den Decken durch zwei 2 cm starke Faserplatten gewährleistet, die die Stahlbetonplatte vom Zementestrich entkoppeln.

Die Außenansicht der drei Häuser ist an den Stirnwänden und der Nordostfassade von einer Verkleidung aus sägerauem Redcedar-Holz geprägt. Das Holz wurde mit *Weathering Stain* vorpatiniert, einem Anstrich, der das Eingrauen des Holzes vorwegnimmt und ihm eine gleichmäßige Tönung verleiht. Die anthrazitfarbenen Zementfaserplatten, die an der Südwestfassade als Verkleidungs-elemente dienen, fungieren vor den Schlafzimmern und dem Büro als Fensterläden. Die geschalten Sichtbetonwände und die galvanisierten Stahlstützen an Balkon und Pergola ergänzen diese Grauskala, die durch die Vegetation belebt wird: durch Kletter-pflanzen an den Mauern, das begrünte Dach sowie durch Bäume und Sträucher.

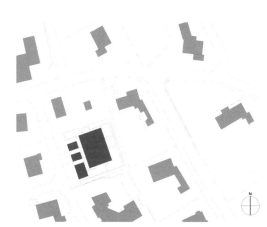

Ort: Steinackerstrasse 1b, 8700 Küsnacht, Schweiz — Raumprogramm: drei Reihenhäuser mit sieben Zwischenebenen; im mittleren Haus Eingang und Büro auf Ebene 0, Technikraum auf Ebene + 1/2, Schlafzimmer auf den Ebenen + 1 und + 1 1/2, Wohnzimmer auf Ebene + 2, Küche und Essecke auf Ebene + 2 1/2, Terrasse auf Ebene + 3 — Bauherr: privat — Planung: Barbara Weber und Bruno Oertli, Architekten, Küsnacht — Flächen im mittleren Haus: Grundstück 230 m²; Wohnfläche 193 m²; Nutzfläche Büro 36 m²; Garage und Nebenräume 50 m² — Zeitplan: Planung Oktober 1997; Bauausführung Juni 1998 bis Juli 1999 — Baukosten: ca. 1.980 EUR brutto/m² Wohnfläche — Konstruktionssystem und Baumaterialien: Außenwände und Decken aus Stahlbeton; zweischalige, 15 cm starke Backsteinwand als Trennwand zwischen den Wohneinheiten; Verkleidung an Stirnwand und Ostfassade aus sägerauer Redcedar, vorpatiniert; Verkleidung aus Faserzementplatten an der Westfassade; Stützen für Balkon und Pergola aus galvanisiertem Stahl — Ökologische Maßnahmen: Wohnraumverdichtung (Reihenhäuser), kompaktes Volumen und verstärkte Wärmedämmung (24 cm Mineralwolle), Kamin mit Wärmetauscher, aktive und passive Nutzung der Sonnenenergie (Sonnenkollektoren), Niedrigenergie-Beleuchtung, extensive Begrünung der Dachterrasse — Energieverbrauch (Wohnung und Büro): 61 kWh/m²/Jahr, davon 39 kWh/m²/Jahr für Heizung.

Die große Terrasse auf dem Dach eines jeden Hauses bietet einen privaten Raum, von dem aus man die Sonne und den Ausblick auf den See genießen kann.

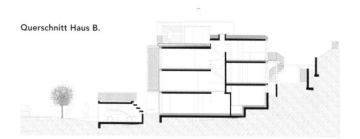

Querschnitt Haus B.

Grundriss Ebene + 3.
1 Abstellraum
2 Heizungsraum
3 Begehbare Terrasse
4 Dachbegrünung

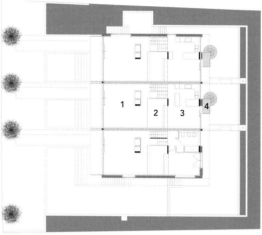

Grundriss Ebene + 2
und + 2 1/2.
1 Wohnzimmer
2 Luftraum
3 Küche mit Essecke
4 Balkon

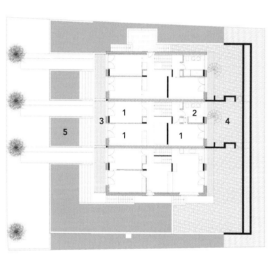

Grundriss Ebene + 1
und + 1 1/2.
1 Schlafzimmer
2 Bad
3 Balkon
4 Hof
5 Begehbares Dach

Haus A

Haus B

Haus C

Grundriss Ebene 0
und + 1/2.
1 Eingang
2 Büro
3 WC
4 Technikraum
5 Hof

0   5

Die zenitale Belichtung über der Treppe bringt natürliches Licht in die Mitte des tiefen Gebäudes.

EIN ENERGIEKONZEPT, DAS AKTIVE UND PASSIVE MASSNAHMEN KOMBINIERT

Die Stirnwände und Decken aus Stahlbeton verleihen dem Haus eine Wärmeträgheit, die zur Regulierung der Raumtemperatur beiträgt. An der Südwestfassade wird der zur Vermeidung von Überhitzungen notwendige Außenschutz der Verglasung durch gleitende Fensterläden in den unteren Ebenen, und vor dem Wohnzimmer durch ein Wetterdach und Rollos gewährleistet. Die auf dem Dach angebrachten Sonnenkollektoren liegen über dem Heizungsraum und decken bei schönem Wetter den gesamten Bedarf an Warmwasser im Sanitärbereich. Die mechanische Doppelstrom-Belüftung ist mit einem Hochleistungs-Wärmeaustauscher für die Abluft ausgestattet. Der Gas-Kondensationskessel wird ausschließlich im Winter benutzt. In der Übergangszeit wird mit dem Warmluftkamin geheizt; dank seiner Wärmerückgewinnung konnte die Leistung gegenüber einem herkömmlichen offenen Kamin verdoppelt werden.

Bioklimatische Villa bei München, Deutschland

Markus Julian Mayer mit Christian Schießl

Bei dem Bau ihres Eigenheims greifen immer mehr Kunden zu Lösungen, die für eine höhere Lebensqualität sorgen: thermischer Komfort, Materialien und Oberflächenbehandlungen mit möglichst wenigen chemischen Zusätzen, gesundes Innenraumklima bei natürlich regulierter Luftfeuchte. Der Anteil an Holz im Hausbau, dem einzigen erneuerbaren Tragwerksmaterial, liegt bereits bei 90 % in Schweden und 60 % in Finnland, in Frankreich dagegen nur bei 10 % und in Deutschland bei 20 %. In den Ländern Westeuropas verzeichnet der Markt für Häuser, bei denen Holz als Tragwerk, als Innenverkleidung und zur Außenverkleidung Verwendung findet, derzeit einen starken Zuwachs.

Die Villa der Familie Schießl, entworfen von Markus Julian Mayer mit Christian Schießl, der damals noch Architekturstudent war, besitzt alle Eigenschaften eines zeitgemäßen Holzhauses: klare Linien, funktionale Grundrisse, Baukörper, die sich weitgehend nach außen öffnen und ein optimiertes Konstruktionssystem durch die Kombinierung von Holz mit anderen Materialien. Am Rande Münchens anstelle einer Villa aus den 1950er Jahren errichtet, erfüllt dieses Gebäude den Traum vom Wohnen im Grünen in einem städtischen Umfeld. Getreu den bioklimatischen Prinzipien, verbindet diese hybride Architektur in pragmatischer Weise Holz, Metall und Beton mit dem Ziel, Rohstoffe und Energie optimal zu nutzen.

Die beiden innen liegenden Querwände und die Decken aus Stahlbeton übernehmen die Queraussteifung und liefern eine Wärmeträgheit, die den thermischen Komfort fördert. Der dunkle Boden aus Blaustein, einem dunkelgrauen bis schwarzen Muschelkalkstein, unterstützt die Wärmespeicherkraft. Die Verkleidung der Nordfassade und der Giebelwände besteht aus vorgefertigten Holzelementen mit Zellulose zwischen den Holzständern, einer Konstruktion, die viel besser isoliert als eine gleich dicke Massivwand. Die Hauptfassade ist nach Süden gewandt, um die kostenlose Sonneneinstrahlung zu nutzen, und wie eine Vorhangfassade mit Holztragwerk konzipiert. Ihre Pfosten aus Brettschichtholz sind in einem Raster von 1,2 m platziert und außenseitig durch eine Aluminium-Abdeckung geschützt. Diese großzügig verglaste Fassade hebt die Grenze zwischen Innen- und Außenraum auf und lässt in den Genuss eines Gartens mit üppiger Vegetation kommen. Die an Stahlschienen aufgehängten gleitenden Fensterläden mit einem Lattenrost aus Lärchenholz bewahren die Intimität des Wohnraums und sind gegen Überhitzungen wirksam. Die Lamellenabstände werden von zwei Sprossenzahnstangen gehalten. Das ursprüngliche Konzept des Hauses sah eine Fusion zwischen Gebautem und Gewachsenem vor. Der Landschaftsarchitekt Alexander Koch hat diese Idee in ein Spiel mit Kontrasten umgesetzt: „Je strenger die Linien des Hauses, desto interessanter die weichen Formen der Vegetation." Die Komposition, die durch die Anpflanzung einiger Felsenbirnen – sehr dekorative Obstbäume – und die Anlage eines von Blumen gesäumten Teichs akzentuiert ist, lässt den 1.000 m² großen Garten großzügig wirken.

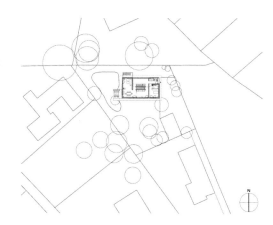

Ort: Gauting, Bayern, Deutschland — Raumprogramm: Hauptwohnsitz auf zwei Ebenen mit Untergeschoss; im Erdgeschoss Eingang, Wohnzimmer, Essecke, Küche, Apartment mit WC; im Obergeschoss Büro und zwei Schlafzimmer mit Bad — Bauherr: Familie Schießl — Planung: Markus Julian Mayer, Architekt, München, mit Christian Schießl; Alexander Koch, Landschaftsarchitekt, Starnberg — Statik: Vasco Schindler — Grundstücksfläche: 1.100 m²; Wohnfläche: 310 m² — Zeitplan: Planung 1999; Bauausführung Oktober 1999 bis Dezember 2000 — Baukosten: 584.000 EUR netto; Gesamtkosten 767.000 EUR netto, inklusive Mobiliar, Haustechnik, Begrünung und Honorare — Konstruktionssystem und Baumaterialien: Mischkonstruktion Beton/Metall/Holz, Stahlbeton-Decken auf Querwänden aus Beton und Stahlrundrohren im Randbereich, Außenwände in Holzständerbauweise; Fensterrahmen aus Fichte, Verkleidung im Innenbereich aus Spanplatten mit Ahornfurnier, Bodenbelag aus Kalksteinplatten in Wohnzimmer, Essecke und auf den Terrassen, Fliesen in der Küche, Buchenparkett in den Schlafzimmern, Außenverkleidung und gleitende Fensterläden aus Lärchenlamellen (25 x 120 mm) auf Stahlrahmen, Dachdeckung aus Betondachziegeln — Ökologische Maßnahmen: kompaktes Gebäudevolumen mit Ostwest-Gebäudeachse, großflächige Verglasung an der Südfassade zur Nutzung der passiven Sonnenenergie, weitgehend geschlossene Nordfassade mit verstärkter Wärmedämmung (24,5 cm), massive Querwände und Decken zur Nutzung der Wärmeträgheit, Holzlamellen-Elemente für den sommerlichen Komfort, natürliche Dämmstoffe (Zellulose und weiche Holzfasern), Bodenbelag im Erdgeschoss aus wieder verwertetem Kalkstein, Verkleidung aus unbehandeltem Lärchenholz — Spezifische Ausstattung: Hochleistungs-Gas-Kondensations-Heizkessel, Sonnenkollektoren mit Vakuumröhren auf der südlichen Dachschräge zur Warmwasserbereitung — Thermische Eigenschaften: Wände in Holzständerbauweise U = 0,18 W/m²K; Kellerwände U = 0,20 W/m²K; Dach U = 0,15 W/m²K; Verglasung U = 1,0 W/m²K; Fenster U = 1,20 W/m²K.

Das Biotop, das die Terrasse vor der westlichen Stirnwand aufwertet, zieht Insekten und Amphibien an.

Die homogene Behandlung der Verkleidung und der Fensterläden verleiht den Fassaden ein einheitliches Erscheinungsbild und lässt die Öffnungen fast verschwinden, wenn die Läden geschlossen sind.

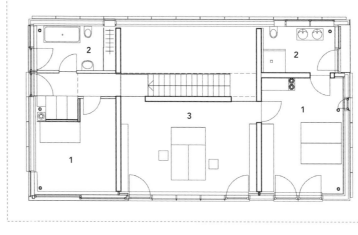

Grundriss Obergeschoss.
1 Schlafzimmer
2 Bad
3 Büro

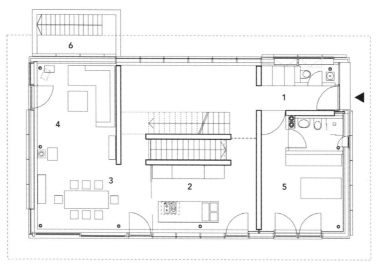

Grundriss Erdgeschoss.
1 Eingang
2 Küche
3 Essecke
4 Wohnzimmer
5 Einliegerwohnung
6 Zugang Sauna

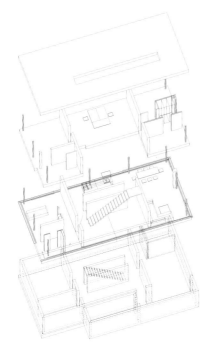

Isometrie zur Erläuterung des Konstruktionsprinzips.

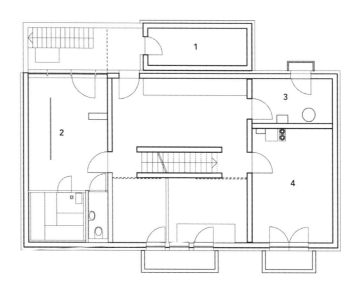

Grundriss Untergeschoss.
1 Keller
2 Sauna
3 Waschküche
4 Technikraum

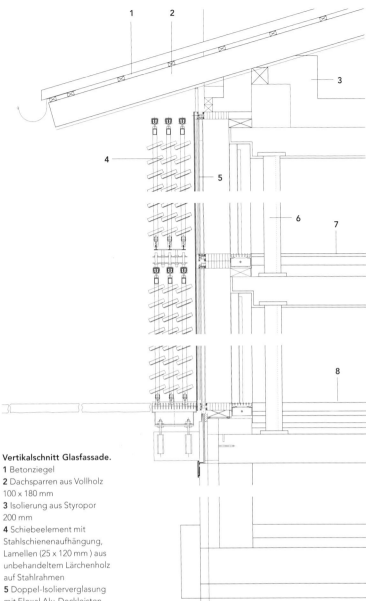

Vertikalschnitt Glasfassade.

1 Betonziegel

2 Dachsparren aus Vollholz
100 x 180 mm

3 Isolierung aus Styropor
200 mm

4 Schiebeelement mit
Stahlschienenaufhängung,
Lamellen (25 x 120 mm) aus
unbehandeltem Lärchenholz
auf Stahlrahmen

5 Doppel-Isolierverglasung
mit Eloxal Alu-Deckleisten,
vor das Holztragwerk montiert

6 Rundstahlpfosten 150 mm

7 Bodenaufbau
Obergeschoss
• Buchenparkett 20 mm
• Polsterholz 60 mm
• Trittschalldämmung
Zellulose 80 mm
• Stahlbetonplatte 20 cm
• Gipsputz

8 Bodenaufbau Erdgeschoss
• Blaustein-
Muschelkalkplatten 60 mm,
wieder verwertet
• Mörtelbett 30 mm
• Zementestrich mit
Fußbodenheizung 85 mm
• Isolierung aus Styropor
45 mm
• Stahlbetonplatte 20 cm
• Gipsputz

Im Erdgeschoss wird
Sonnenwärme durch die
erhöhte Speicherfähigkeit
des dunklen Kalksteins der
Bodenplatte absorbiert und
nachts wieder abgegeben.

DAS ENTWICKLUNGSFÄHIGE HAUS

Die zeitlichen Veränderungen der Bedürfnisse vorherzusehen und Gebäude so zu planen, dass sie
sich ohne großen Aufwand anpassen lassen, gehören zu den Anforderungen an eine nachhaltige
Entwicklung. Das Haus der Schießls räumt jedem Mitglied eine größtmögliche Autonomie ein. In
einer nächsten Phase, wenn die erwachsenen Kinder das Haus verlassen, bietet die Abtrennung
der Treppe im Obergeschoss die Möglichkeit zur Schaffung eines Büroraums oder einer Einliegerwohnung. Das Apartment im Erdgeschoss ermöglicht Personen in fortgeschrittenem Alter, die Wohnung auch bei eingeschränkter Mobilität zu nutzen oder auch die Unterbringung einer Pflegekraft.

Strandpavillon in São Sebastião, Brasilien

Lua und Pedro Nitsche

La Barra do Sahy ist ein Badeort an der Nordküste des Bundesstaates São Paulo, in dem sich die ökologische Frage besonders dringlich stellt. Dieser Abschnitt der Mata Atlantica zeichnet sich durch eine bergige Landschaft aus, eine dichte und vielfältige Vegetation und ein tropisches Klima, das zugleich extrem feucht und heiß ist. Im Sommer (Dezember bis Februar) schwanken die Temperaturen zwischen 33° C am Tag und 22° C in der Nacht, und die Luftfeuchtigkeit kann bis zu 100 % erreichen. Diese geografischen und klimatischen Faktoren hatten einen entscheidenden Einfluss auf den Entwurf dieses Strandpavillons. Für ihr erstes Haus haben Lua Nitsche und ihr Bruder Pedro eine Architektur entwickelt, die den „Menschen in einen direkten Kontakt mit der üppigen Natur versetzt und ihn gleichzeitig vor ihr schützt". Die Hütte gleicht einer lang gestreckten Veranda mit einer südost-nordwest-orientierten Achse. Die durch ein weit auskragendes Dach vor Witterungseinflüssen geschützten Innenräume sind vom Außenraum lediglich durch transparente oder transluzente Schiebeelemente abgetrennt. Eine 336 m² große Bodenplatte aus vorgefertigten Stahlbetonelementen dient dem Haus als Sockel und schützt es vor Feuchtigkeit. Die Verkleidung besteht aus São Tomé, einem Stein aus der Region von Minas Gerais im Zentrum Brasiliens. Auf Querbalken gelagert, liegt das Haus vom natürlichen Boden abgesetzt, um die Einwirkung des Gebäudes auf das empfindliche Ökosystem des sandigen Küstengeländes möglichst gering zu halten. Die Fläche des Pavillons wurde auf ein Mindestmaß reduziert: Die verschiedenen Zonen sind nebeneinander angeordnet, ohne Verbindungen im Innenraum. Die drei Schlafzimmer, der Gemeinschaftsraum und die Waschküche sind von der Terrasse aus über eine externe Erschließung zugänglich: Diese Anordnung räumt den Bewohnern eine gewisse Unabhängigkeit ein. Wenn die Fensterfront im Wohnzimmer offen steht, löst der durchgehende Fliesenbelag aus hellem Stein die Grenzen zwischen Innen und Außen auf. Die Ausführung des Gebäudes wurde rationalisiert: Durch die modulare Struktur und die Verwendung von industriell gefertigten Elementen wurden die Kosten gesenkt und die Dauer der Bauarbeiten verkürzt. Das Haus mit einer Breite von 5,85 m ist der Länge nach in sechs Rasterfelder von 3,85 m eingeteilt: eins für jedes Schlafzimmer, zwei für den Wohnbereich, und eins für Küche und Waschraum. Die Stirnwand und die Querwände im Innenraum bestehen aus weiß oder gelb gestrichenen Betonblöcken. Die tragenden Holzelemente der Fassade sind aus Jatoba, einem sehr dichten Holz aus einem nachhaltig bewirtschafteten Wald in Brasilien.

Die in fünf Tagen montierte Pfosten-Riegel-Konstruktion trägt eine Lage thermoakustischer Platten, die sich aus Polyurethanschaum zwischen zwei lackierten Aluminiumblechen zusammensetzen. Der Raum zwischen Decke und Dachhaut schafft eine natürliche Durchlüftung, die das Aufheizen des Gebäudes verhindert und Installationsraum für das Verlegen von Leitungen bietet. Die Führungsschienen für die Aluminiumfenster sind aufgeschraubt und liegen vor dem Jatoba-Tragwerk. Vorhänge in lebhaften Farben – grün, gelb und rot – sichern auf preisgünstige Art die Intimität der Schlafzimmer. Dieses dekorative Element verleiht dem sehr nüchternen Gebäude einen frischen Akzent.

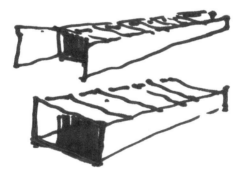

Ort: rua Gabriel Tavares, 172 Barra do Sahy, São Sebastião, Brasilien — Raumprogramm: ebenerdiger Zweitwohnsitz mit Wohnbereich, Küche und Essecke im Hauptraum, drei Schlafzimmern mit je einem WC und einem Sanitärblock mit Waschküche — Bauherr: Fernando Albino — Planung: Nitsche Arquitetos Assiociados, São Paulo; Lua und Pedro Nitsche, Architekten; Mitarbeiterin Marina Mermelstein — Statik und Ausführung des Tragwerks: Helio Olga, Ita Construtora, São Paulo — Grundstücksfläche: 805 m²; Bodenplatte: 336 m²; überdachter Raum: 190 m²; Wohnfläche: 126 m² — Zeitplan: Planung 2000; Bauausführung Juli bis Dezember 2002 — Baukosten: ca. 350 EUR/m² — Konstruktionssystem und Baumaterialien: Bodenplatte aus Stahlbeton; Stirn- und Querwände aus 9 cm starken Betonblöcken; Fassadentragwerk aus Jatoba-Holz; Fensterrahmen aus Aluminium; Decke aus 7 cm starken thermoakustischen Sandwichplatten mit Polyurethanschaum zwischen Aluminiumblechen; Bodenbelag aus São Tomé — Ökologische Maßnahmen: auf Querbalken gelagerte Bodenplatte und Modulsystem mit vorgefertigten Elementen für eine minimale Einwirkung auf das Gelände; regionale Holzarten aus einem nachhaltig bewirtschafteten Wald; natürliche Belüftung; Rückgewinnung des Regenwassers.

Die Erschließung der Räume von außen, das sichtbare Tragwerk und der Einsatz von industriell gefertigten Elementen zur vereinfachten bauseitigen Montage charakterisieren diesen funktionalen und wirtschaftlichen Strandpavillon.

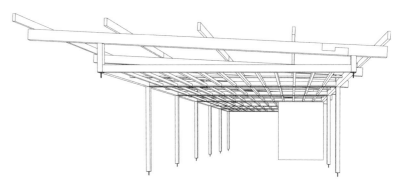

EIN HOLZTRAGWERK MIT OPTIMIERTEN QUERSCHNITTEN

Die Querschnitte des Tragwerks aus Jatoba sind relativ klein. Die Pfosten (12 x 12 cm) sind zur Vermeidung von Feuchteübertragung vom Boden losgelöst und lagern auf Stahlplatinen, die in der Bodenplatte durch Stahlstifte verankert sind. Die querverlaufenden Holzträger, in der Ebene der Deckenbalken (12 x 16 cm) angeordnet, tragen weiß vorgestrichene MDF-Platten, mit denen sie gemeinsam den Raumabschluss bilden. Die Sandwichplatten der Dachhaut werden von Pfetten getragen, die auf einer angewinkelten Balkenlage (12 x 20 cm) angebracht sind. Jatoba, eine tropische Holzart, auch Courbaril genannt, kommt in mehreren südamerikanischen Ländern vor. Dieses Holz mit einer Rohdichte von nahezu 1 ist von Natur aus beständig und für den Einsatz im Außenbereich geeignet.

Fassadenschnitt.
1 Aluminium-Sandwichplatte 7 cm
2 Dachlatte aus Jatoba
3 Dachsparren aus Jatoba
4 MDF-Platte vorgestrichen
5 Vollholzbalken aus Jatoba 120 x 160 mm
6 Pfosten aus Jatoba 120 x 120 mm
7 Stahlplatte mit Ankerstift aus galvanisiertem Stahl
8 Befestigung für Alu-Schiebetüren 120 mm
9 Aluminium-Laufschiene
10 Verbundsicherheitsglas, transparent oder transluzent 8 mm
11 Schiebetür (Küche und Wohnraum)
12 Führungsschiene rostfreier Stahl
13 Bodenbelag São Tomé OKFF + 0,45 m
14 Mörtelbett
15 Stahlbetonplatte
16 Geländeoberkante +/- 0,00 m

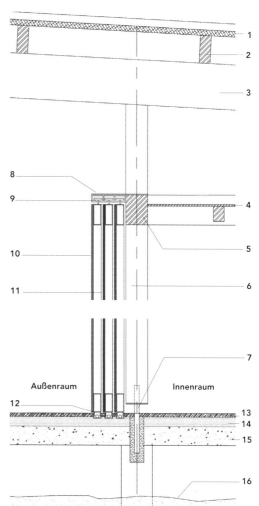

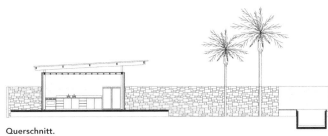

Querschnitt.

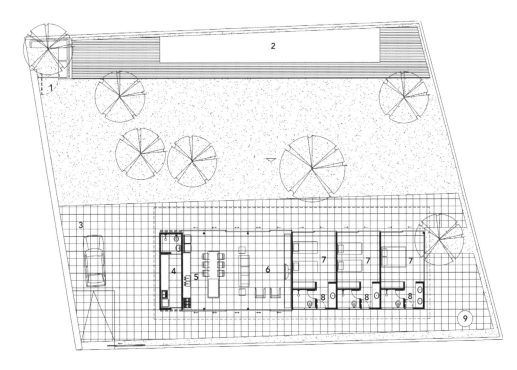

Grundriss Erdgeschoss.
1 Zugang zum Strand
2 Becken
3 Stellplatz
4 Waschküche
5 Kochzeile
6 Wohnbereich
7 Schlafzimmer
8 WC
9 Wassertank

Der Strand von Barra do Sahy
ist an kein öffentliches
Versorgungsnetz angeschlossen,
es gibt nur eine natürliche
Quelle am Fuß des Berges.
Ein Wasserturm aus rostfreiem
Stahl mit einem Fassungs-
vermögen von 5.000 l
Regenwasser liegt im nördlichen
Winkel der Pavillonterrasse.

Passivhaus in Gießen, Deutschland

Anke Lubenow und Carsten Peters

Natürliche Materialien, ein begrüntes Dach, Abwasseraufbereitung: Dieses nahezu energieautarke Haus in zeitgemäßem Design ist eines der überzeugendsten Beispiele für ökologisches Bauen in Deutschland. Dieses Projekt verdankt seinen Erfolg der Kompetenz der Planer, aber auch der Entschlossenheit der Bauherren, die mit gesundheitlich unschädlichen, erneuerbaren oder wieder verwertbaren Materialien ein Gebäude realisieren wollten, das mit Wasser und Energie sparsam haushaltet und die Sonneneinstrahlung aktiv nutzt. Großzügige Räume, die um eine zentrale Treppe frei organisiert sind, Mauern, die das Gebäude nach außen erweitern und somit die Privatsphäre der Bewohner schützen, eine Terrasse und Holzstege um den natürlichen Badeteich schaffen ein ruhiges und entspanntes Ambiente, das man in einer Vorort-siedlung im Raum Frankfurt am Main nicht erwarten würde.

Das Gebäude erfüllt die Bedingungen für das Passivhaus-Label, dessen wichtigste Anforderung ein jährlicher Wärmeenergieverbrauch von unter 15 kWh/m² ist. Um dieses ehrgeizige Ziel zu erreichen, wurden leistungsstarke technische Anlagen mit vernünftigen Maßnahmen kombiniert. Das Gebäudevolumen und seine Orientierung tragen zur Optimierung der Energiebilanz bei: Der kompakte Baukörper schließt mit einem flachen Satteldach ab; die Haupträume öffnen sich zum Außenraum über eine zu 60 % verglaste Südfassade; die Nebenräume, in einem halb unterirdischen Anbau zusammengefasst, dienen als thermische Pufferzone.

Um die Wärmeverluste so gering wie möglich zu halten, ist der beheizte Baukörper mit einer durchgehenden Verkleidung ummantelt, die eine sehr wirksame Luftabdichtung und eine verstärkte Wärmedämmung aufweist. Die zwischen das Ständerwerk der Holzrahmenelemente eingeblasene Zellulose wird außenseitig durch eine zweite Lage zwischen I-Trägern aus Holzwerkstoff sowie durch weiche Holzfaserplatten als Putz-untergrund verstärkt. Das Dach und die Fundamentplatte sind durch 35,6 cm Zellulose zwischen den TJI-Trägern isoliert. Die Trennwände und die Innenverkleidung der Außenwände bestehen aus 10 cm dicken Blöcken aus Lehm und Sägemehl mit einer Nut- und Federverbindung, oder aus harten Holzfaserplatten mit einem Lehmputz. Eine trockene Deckschicht aus Lehmblöcken liegt auf der Brettstapeldecke, deren gehobelte Unterseite den Raum-abschluss bildet. Die Dreifachverglasung an der Südfassade ist in die Pfosten-Riegel-Holzkonstruktion durch spezielle Aluminium-profile integriert. Im Sommer ist das auf halber Höhe angebrachte horizontale Stahlgitter breit genug, um eine direkte Sonnen-einstrahlung im Wohnzimmer zu verhindern. Die Schlafzimmer-fenster im Obergeschoss können mit Jalousien abgedunkelt werden. Die fortlaufenden Balkone und der weite Dachüberstand verschatten die westliche und östliche Stirnwand. Die Kombination dieser mobilen und festen Sonnenschutzelemente fördert auf passive Weise den sommerlichen Komfort.

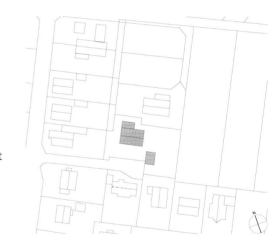

Ort: Gießen, Hessen, Deutschland — Raumprogramm: Hauptwohnsitz; im Erdgeschoss Eingang, Arbeitsraum, Wohnraum mit Essecke und Küche ohne Abtrennung, Sanitärräume, Abstellraum und Technikraum; im Obergeschoss Mezzanin über dem Wohnraum, zwei Schlafzimmer, Bad — Bau-herr: Volker und Erika Peters — Planung: Planungsgruppe Bau + Energie/Anke Lubenow, Carsten Peters und Steffen Berge, Architekten — Haustechnik: sun-trieb/M. Faulhaber — Grundstücks-fläche: 1.165 m²; Wohnfläche: 189 m², Nebengebäude: 44 m² — Zeitplan: Planungsbeginn Juni 1998; Bauausführung August 2000 bis April 2001 — Baukosten: 501.000 EUR brutto, 2.150 EUR/m² — Konstruktionssystem und Baumaterialien: Pfosten-Riegel-Holzkonstruktion in der Südfassade mit Dreifachverglasung in Aluprofilen (Raico-Passivhausfassade); Verkleidung der Trennwände und anderer Wände mit Holzständerwerk aus Blöcken mit 75 % Lehm und 25 % Sägemehl (Karphosit Lehmbauelemente, 100 x 250 x 500 mm) oder aus Heraklit-Holzfaserplatten mit Lehmputz; Brettstapeldecke mit Abdeckung aus Karphosit-Platten 50 x 250 x 1.000 mm; verstärkte Wärme-dämmschicht (Isofloc-Zellulose) zwischen den TJI-Pfosten aus Holzwerkstoff (Trus Joist) an der Südfassade transparente Wärmedämmung Kapilux (Firma Okalux) — Ökologische Maßnahmen: systematischer Einsatz von gesundheitlich unbedenklichen, erneuerbaren oder wieder verwert-baren Materialien (Holz, Lehm, Zellulose); konsequente Anwendung bioklimatischer Prinzipien; verstärkte Wärmedämmung (Dreifachverglasung und durchgehende Isolierschicht von über 35 cm); innovative technische Anlagen zur Einsparung von Energie und Wasser; natürlicher Badeteich mit Lagoon-Verfahren — Thermische Eigenschaften: Außenwände mit Holzständerwerk U = 0,113 W/m²K; Dach U = 0,123 W/m²K; Fenster U = 0,778 W/m²K (Verglasung und Rahmen); Bodenplatte Erdgeschoss U = 0,134 W/m²K; Luftdichtigkeit: 0,32 (in den Maßeinheiten des Blower Door Systems gelten Werte unter 1 als „sehr dicht") — Energie- und Wärmeverbrauch: 10,2 kWh/m²/Jahr.

Das in einem Wohngebiet gelegene Grundstück neigt sich leicht nach Südosten und bietet in dieser Richtung einen Blick auf die Umgebung.

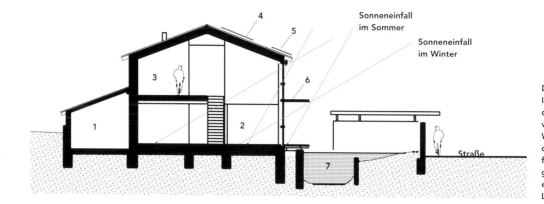

Querschnitt.
1 Abstellraum
2 Wohnraum
3 Offenes Geschoss
4 Thermische Solaranlage
5 Photovoltaikanlage
6 Fester Sonnenschutz
7 Badeteich

Sonneneinfall im Sommer

Sonneneinfall im Winter

Straße

Die Lehmbauelemente der Innenraumverkleidung und die massive Holzdecke verleihen dem Haus eine Wärmespeicherkraft, die die thermische Behaglichkeit fördert, und begünstigen ein gesundes Innenraumklima mit einer natürlich regulierten Luftfeuchtigkeit.

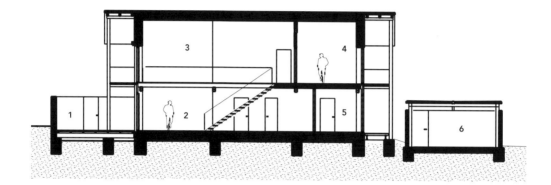

Längsschnitt.
1 Terrasse
2 Wohnraum
3 Offener Bereich
4 Schlafzimmer
5 Eingang
6 Garage

INNOVATIVE ANLAGEN ZUR EINSPARUNG VON WASSER UND ENERGIE

Durch die passiven Maßnahmen an der Außenhaut und durch leistungsstarke Anlagen konnte der Energieverbrauch auf 10,2 kWh/m²/Jahr gesenkt werden (Simulationswert mit Helios/Helix-Software). Die transparente Wärmedämmung (Kapilux) an der Südfassade hat eine wichtige Funktion in dem Energiekonzept. Durch ihre Kapillarstruktur aus Polykarbonat zwischen zwei Glasscheiben bildet sie gemeinsam mit der Innenverkleidung aus Lehm einen passiven Sonnenkollektor. Der Lehm wirkt als Absorbermaterial und speichert die Wärme, die an den Innenraum phasenverschoben abgegeben wird und bei Nacht die unmittelbare Sonneneintrahlung ersetzt. Das Aufheizen und Kühlen der Luft übernimmt ein Doppelstrom-Lüftungssystem mit Wärmerückgewinnung aus der Abluft (85 % bis 90 %). Der Luftwärmetauscher besteht aus Polyethylen-Rohren (Gesamtlänge 35 m) mit einem Durchmesser von 30 cm und erlaubt eine natürliche Temperierung der Zuluft. Drei Röhren-Sonnenkollektoren (8,2 m²) auf dem Dach leisten einen Beitrag zur Warmwasserbereitung und zum Beheizen des Hauses. Der Restwärmebedarf wird durch einen Holzpelletofen (Firma Wodke) mit automatischer Beschickung und einem integrierten Warmwassertauscher gedeckt. Eine Reihe von 32 Photovoltaikmodulen vom Typ BP 585 mit einer Gesamtleistung von 3,6 kW bildet den traufseitigen Abschluss des extensiv begrünten Vegetationsdachs. Die anfallenden Grauwasser aus Waschbecken, Duschen und Waschmaschine werden gesammelt und für die Spülung der Toiletten aufbereitet.

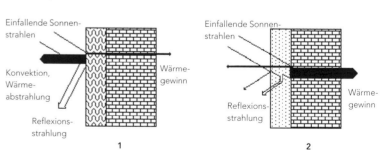

Einfallende Sonnenstrahlen

Konvektion, Wärmeabstrahlung

Reflexionsstrahlung

Wärmegewinn

Einfallende Sonnenstrahlen

Reflexionsstrahlung

Wärmegewinn

1

2

Vergleich der Sonneneinstrahlung:
1 mit herkömmlicher Außenisolierung
2 mit transparenter Isolierung

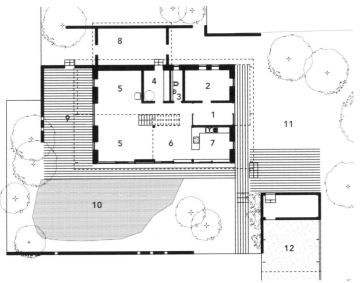

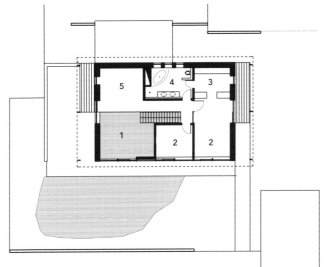

Grundriss Erdgeschoss.

1 Eingang
2 Arbeitsraum
3 WC
4 Technikraum
5 Wohnraum
6 Essbereich
7 Küche
8 Abstellraum
9 Terrasse
10 Badeteich
11 Obstgarten
12 Garage

Grundriss Obergeschoss.

1 Offener Bereich über Erdgeschoss
2 Schlafzimmer
3 Ankleideraum
4 Bad
5 Offener Wohnraum

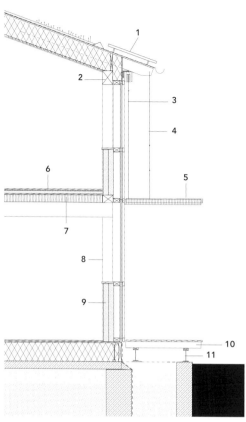

Vertikalschnitt Südfassade.
1 Photovoltaik-Module
2 Brettschichtholz
200 x 260 mm
3 Horizontale Jalousien
4 Aufhängung für
Sonnenschutz 12 mm
Rundstahl
5 Fester Sonnenschutz aus
Stahl
6 Deckenaufbau
• Korkbelag
• Pavafloor (Firma Pavatex)
Holzfaser 22 mm
• Karphosit-Lehmbauplatte
50 mm
• Ausgleichsschüttung 10 mm
• OSB-Platte 22 mm
• Brettstapeldecke 150 mm
7 Deckenbalken aus
Brettschichtholz 200 x 280 mm

8 Glasfront
• Festverglasung
• Pfosten-Riegel-Konstruktion
aus Brettschichtholz
• Dreifach-Isolierverglasung
(U = 0,778 W/m²K) mit
wärmegedämmten
Aluprofilen (Raico HP 76)
9 Brüstung
• Lehmputz 15 mm
• Karphosit-Lehmbauelement
200 mm
• Luftschicht
• Transparente
Wärmedämmung Kapilux
(Firma Okalux)
10 Holzbalken 80 x 120 mm
11 IPE 200-Stahlträger

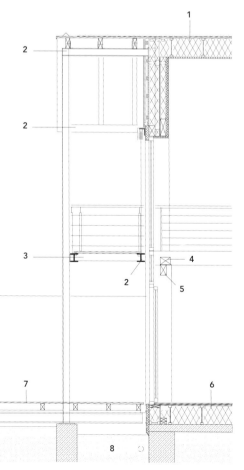

Vertikalschnitt Westfassade.
1 Dachaufbau
• Extensiver Sedumbewuchs
• Substrat 35 mm
• Drainmatte 10 mm
• Dichtung
• OSB-Platte 22 mm
• TJI-Träger 356 mm
• Zellulosedämmung Isofloc
356 mm
• Dampfsperre
• Lattung
• Gipsfaserplatte 10 mm
2 HEB 140-Stahlträger
3 Holzträger 80 x 140 mm
4 Brettschichtholz
180 x 140 mm
5 Sturzträger 120 x 200 mm
6 Bodenaufbau Erdgeschoss
• Buchenparkett 22 mm
• OSB-Platte 22 mm
• TJI-Träger 356 mm
• Zellulosedämmung Isofloc
356 mm
• Dichtungsbahn
• Fundamentplatte 14 cm
7 Terrasse
• Bodenbelag Teak 35 mm
• Lagerholz Lärche
80 x 120 mm
• Lärchenbretter 40 mm
• IPE 200-Stahlträger
8 Dränage

BADETEICH MIT ABWASSERBEHANDLUNG
Ein natürlicher Teich verbindet das Badevergnügen inmitten von Pflanzen und Fischen mit den
Vorteilen eines Ökosystems. In herkömmlichen Schwimmbecken wird die Wasserqualität künstlich
mit chemischen Desinfektionsmitteln kontrolliert. In biologischen Teichen belegt der Bereich
zum Baden, dessen Grund mit einer Abdichtung und einer Filzlage belegt ist, maximal zwei
Drittel der Wasserfläche. Die übrigen Bereiche sind für reinigende, Sauerstoff abgebende und
dekorative Wasserpflanzen bestimmt. Das Wasser wird in diese Aufbereitungszone über Pumpen
geleitet. Während des biologischen Klärungsprozesses (Stickstoffzyklus) eliminieren die Pflanzen
Bakterien, die durch die Ansammlung organischer Abfälle im Wasser entstehen. In diesem Teich
wird das Regenwasser vom Dach in ein System eingeleitet, das aus einem 30 m² großen Becken
mit einer Tiefe von 1,80 m und einer Klärzone von 24 m² besteht. Der filternde Garten ist mit
mehreren Schilfrohrarten und Iris, einer Grasböschung und Blumen bepflanzt; Seerosen wachsen
am Rand der Badezone.

Villa am Cap Ferret, Frankreich

Marc Daufresne und Ivan Le Garrec

Unter dem Einfluss von Pierre Lajus und Michel Sadirac hat sich die Region um Arcachon seit den 1970er Jahren zu einem Mittelpunkt in Südwest-Frankreich für zeitgemäße Ferienhäuser entwickelt, die von den Fischerhäusern auf Stelzen inspiriert und oft aus Holz oder mit Holzelementen gefertigt sind.

Der Zweitwohnsitz von Marc Daufresne und Ivan Le Garrec folgt dieser Bauweise, die den *genius loci* respektiert. Die treibende Kraft des Projekts bestand in der Suche nach einer Synthese zwischen der Verankerung des Gebäudes auf seinem Grundstücksgelände und der Vorstellung von einer „Flüchtigkeit", dank der das Gebäude unter den Bäumen zu verschwinden scheint. Auf einer Sanddüne mit Blick auf die Bucht von Arcachon gelegen, fügt sich das Haus in die lichten Kiefern ein. Der Tagesbereich konzentriert sich im Erdgeschoss; im Obergeschoss erschließt ein durch Wandschränke eingefasster Gang die fünf Schlafzimmer und ein Wohnzimmer. Dass das Waschbecken in der offenen Küche mit Blick auf das Meer platziert wurde, erleichtert so manche Haushaltsarbeit. Übergangsräume erweitern das Gebäude nach außen: eine Holzterrasse vor dem Wohnraum sowie ein durchlaufender Balkon an der Südfassade vor den Schlafzimmern im Obergeschoss. Die Laufbrücke aus Holz, die sich an beiden Enden aufweitet, ist mit dem Garten über eine Außentreppe verbunden.

Das Haus erstreckt sich entlang einer Ostwest-Achse und profitiert so von dem Ausblick aufs Meer und der Sonneneinstrahlung. Im Südosten bildet ein leichter Knick in der Gebäudeachse einen Abschluss zum Garten. Die Nordfassade besteht aus Beton mit einer einfachen Putzschicht, ebenso die beiden Stirnwände. Diese massiven Mauern schützen Ruhe und Privatsphäre der Bewohner und verleihen dem Haus gleichzeitig thermische Behaglichkeit. Im Sommer speichern die Mauern die nächtliche Kühle, die sie tagsüber langsam abgeben. Im Winter strahlen sie die am Tag gespeicherte Wärme in der Nacht wieder ab. Die übrigen Wände bestehen aus einer Mischkonstruktion aus Holz und Metall. Die im Obergeschoss gleitenden und im Erdgeschoss faltbaren Jalousien filtern ein sanftes und gedämpftes Tageslicht. Wenn die Sonneneinstrahlung nicht ausreicht, wird das Haus mit dem Keramik-Holzofen in der Ecke zwischen Wohnzimmer und Billardraum und dem Kamin im oberen Wohnzimmer geheizt. Die homogene Behandlung der Verkleidung und der Fensterläden mit gleicher Lamelleneinteilung verbirgt die Gebäudeöffnungen, wenn das Ferienhaus geschlossen ist. Wie die Terrasse und die Laufbrücke besteht die Außenhaut aus der regionalen Holzart Seestrandkiefer. Das Holz wurde thermisch vergütet: Eine bei ca. 200° C unter Schutzgas durchgeführte Pyrolyse macht es wasserabweisend und beständig gegen Schimmelbefall und bietet so eine ökologische Alternative zu chemischen Konservierungsverfahren. Die Brüstungsgeländer und das Tragwerk der Pergola sind aus rostfreiem Stahl, der gegen die Seeluft beständig ist. Ihre äußerst leichten Profile verschwinden vor der idyllischen Landschaft: Kiefern, ein kleiner Sandstrand und Segelboote, die auf dem Meer dahingleiten.

Ort: Le Canon, 33950 Lège-Cap Ferret, Frankreich — Raumprogramm: Zweitwohnsitz; im Erdgeschoss Wohnzimmer mit Essbereich, Billardzimmer, Küche, Waschküche, Lagerraum für Boote; im Obergeschoss Wohnraum, fünf Schlafzimmer, Bad und zwei WC — Bauherr: privat — Planung: Marc Daufresne et Ivan Le Garrec architectes, Paris — Kalkulation: Guiraud, Tallier et associés — Grundstücksfläche: 4.828 m²; bebaute Fläche: 412 m²; Wohnfläche: 294 m² — Bauzeit: Planung September 1998 bis Juni 1999; Bauausführung September 1999 bis August 2000 — Baukosten: 259.000 EUR netto, ca. 1.050 EUR brutto/m² — Konstruktionssystem und Baumaterialien: Wände im Erdgeschoss und an der Nordfassade 20 cm Beton und 10 cm Steinwolle auf der gesamten Höhe; Obergeschoss als Holz/Stahl-Mischkonstruktion mit Holzständerwänden aus Seestrandkiefer und 10 cm Mineralwolle; Kiefernparkett; Innenraumverkleidung aus Holzwerkstoffplatten oder Gipskarton mit Anstrich; Terrasse, Außenverkleidung und Schiebeläden im Obergeschoss aus thermisch vergüteter Seestrandkiefer — Ökologische Maßnahmen: bioklimatisches Konzept (Massivwand im Norden, leichtes Tragwerk im Süden), natürliche Belüftung sowie horizontaler und vertikaler Sonnenschutz für den sommerlichen Komfort, Verwendung regionaler Holzarten ohne chemische Behandlung (thermisch vergütetes Kiefernholz); Keramik-Holzofen.

Die Lage des Gebäudes verbindet den Wunsch, von einer großartigen Landschaft zu profitieren, mit der Notwendigkeit, ein empfindliches Ökosystem zu schützen.

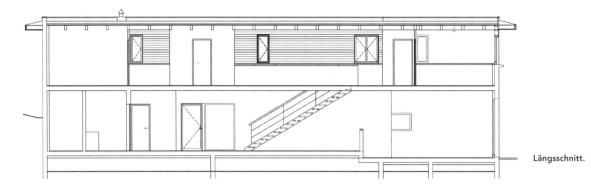

Längsschnitt.

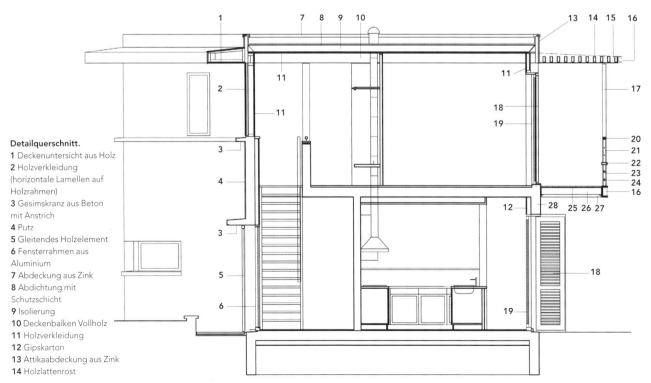

Detailquerschnitt.
1 Deckenuntersicht aus Holz
2 Holzverkleidung
(horizontale Lamellen auf
Holzrahmen)
3 Gesimskranz aus Beton
mit Anstrich
4 Putz
5 Gleitendes Holzelement
6 Fensterrahmen aus
Aluminium
7 Abdeckung aus Zink
8 Abdichtung mit
Schutzschicht
9 Isolierung
10 Deckenbalken Vollholz
11 Holzverkleidung
12 Gipskarton
13 Attikaabdeckung aus Zink
14 Holzlattenrost

15 Brettschichtholz
16 Abschluss Stahlprofil
17 Stahlrohr rostfrei
18 Faltbares
Jalousienelement
19 Fensterrahmen aus
Aluminium
20 Handlauf aus Holz
21 Stahlseil rostfrei
22 Geländerpfosten aus Holz
23 Stahlprofil
24 Geländer Stahlprofil
25 Holzboden
26 Holzbalkenunterzug
27 Kragarm aus Beton
28 Sturzträger aus verputztem
Beton

Wohnzimmer im Obergeschoss.

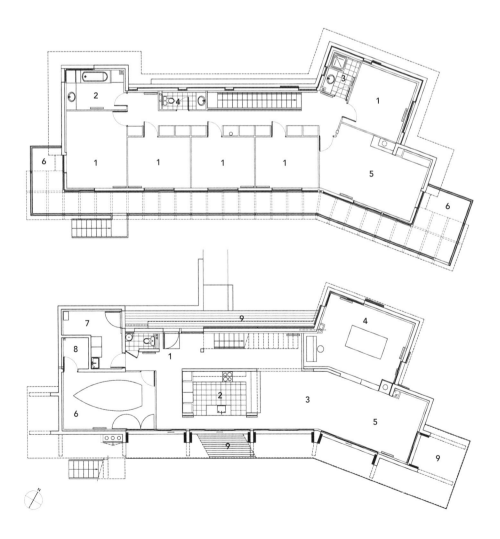

Passive Massnahmen für den sommerlichen Komfort

Das Konzept dieses Ferienhauses konzentriert sich auf Maßnahmen, die den sommerlichen Komfort passiv unterstützen. Die Seestrandkiefern, die während der Bauarbeiten geschützt wurden, bilden einen ersten natürlichen Vorhang gegen die Sonnenstrahlen. Das schmale Gebäudevolumen und seine Nordsüd-Ausrichtung fördern eine natürliche Durchlüftung in Querrichtung. Die in das Gebäude integrierten Sonnenschutzelemente aus thermisch vergüteter Seestrandkiefer verhindern einen Treibhauseffekt in Hitzeperioden. Der horizontale Schutz, der die Strahlen der Sonne im Zenit abhält, wird für die Glasfront im Wohnbereich von dem umlaufenden Balkon im Obergeschoss und vor den Schlafzimmerfenstern durch eine Pergola aus vertikalen Lamellen geleistet.

Grundriss Obergeschoss.
1 Schlafzimmer
2 Bad
3 Dusche
4 WC
5 Wohnzimmer
6 Terrasse

Grundriss Erdgeschoss.
1 Eingang
2 Küche
3 Wohnraum
4 Billardzimmer
5 Wohnzimmer
6 Bootslager
7 Fahrradraum
8 Abstellraum
9 Terrasse

Autarkes Haus in Kangaroo Valley, Australien
Stutchbury & Pape

Die australische Wohnhausarchitektur zeichnet sich seit mehreren Jahrzehnten durch eine ökologische Herangehensweise aus, die spezifische Lösungen für den örtlichen geografischen und klimatischen Kontext bietet. Das Werk der charismatischen Persönlichkeiten von Glenn Murcutt und Richard Leplastrier, die das Handwerk einer genuin nachhaltigen Architektur beherrschen, haben eine neue Generation von Architekten stark beeinflusst, zu denen Peter Stutchbury gehört.

Bangalay, früher Teil des Nationalparks von Buderoo, verdankt seinen Namen dem Ausdruck der Aborigines für die Eukalyptusbäume, die auf dem Grundstück wachsen. An dieser Südküste von Neusüdwales schwanken die durchschnittlichen Temperaturen zwischen 6° C im Juli und 32° C im Januar. Das Haus liegt auf einem Hügel über dem Kangoroo Valley, das häufig von heftigen Winden heimgesucht wird und in dem Nebel und strahlender Sonnenschein abwechseln. Die Kunden, die das Grundstück schon vor dem Bau ihres Hauses von zahlreichen Campingausflügen gut kannten, wünschten sich einen Ort, an dem sie schlafen, essen, sich entspannen und von wo aus sie ihre Olivenplantage bewirtschaften konnten. Das Ergebnis ist eine elegante Hütte mit funktionaler Aufgliederung und raffiniertem Tragwerk. Ein langer Gang erschließt die Räume des Hauses, das sich über eine Länge von ca. 30 m von Ost nach West erstreckt. Die an der Südfassade aufgereihten Sanitärräume und Abstellflächen bilden ein schmales Band, das von Betonwänden umgeben ist und als Wärmepuffer dient. Eine Veranda in der Mitte der Nordfassade trennt die Schlafzimmer vom Wohnbereich, in dem Esszimmer, Küche, Wohnzimmer und Arbeitszimmer zusammengefasst sind. Das Dach ist im Osten angehoben, um das Licht der aufgehenden Sonne tiefer eindringen zu lassen. Niedrig über den Schlafzimmern, in denen eine private Atmosphäre herrscht, steigt das Dach im Bereich der Terrasse an und gibt so den Blick auf die Landschaft frei. Als charakteristisches Element ruht diese Dachhaut mit variabler Geometrie auf 6 m breiten Doppelrahmen aus wieder verwertetem Holz mit unterschiedlichen Höhen, die alle 3,6 m auf der Ostwest-Achse angeordnet sind. Ein breites Vordach spendet Schatten an der Nordfassade und an den Stirnwänden. Die Rahmen der Glasfront sind in einer Ebene vor der Tragwerksstruktur montiert. Im Wohnzimmer lassen sich die Öffnungsflügel verschieben und geben so die Breite von zwei der drei Rasterfelder frei, wodurch die physische Barriere zwischen dem Haus und der natürlichen Umgebung aufgelöst wird. Die Decken, das Einbaumobiliar und die übrigen Verkleidungen bestehen aus Hoop-Kiefern-Furniersperrholz. In dieser Kombination aus Massivholz und dekorativen Furnierplatten wirken die verputzten Betonwände des dienenden Bereichs beruhigend durch ihre helle Einfarbigkeit und bilden gleichzeitig einen Wärmespeicher für den thermischen Komfort. Der kleine Teich vor der Nordfassade unterstützt die ruhige, friedliche Atmosphäre. Der natürliche Badeteich dient als Wasserreservoir im Falle eines Buschfeuers und beliefert die Sprinkleranlage, die um das Haus herum in den Boden verlegt wurde. Zudem wirkt er natürlich klimatisierend.

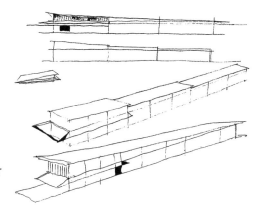

Ort: Upper Kangaroo Valley, Neusüdwales, Australien — Raumprogramm: ebenerdiger Hauptwohnsitz für ein Ehepaar mit integriertem Arbeitsraum; großer Wohnbereich mit Wohnzimmer, Essecke und Küche ohne Abtrennung, Büro, Veranda, zwei Schlafzimmer, zwei Bäder, Abstellraum und Vorratskammer; Garage und Technikräume im Nebengebäude — Bauherr: privat — Planung: Stutchbury & Pape/Peter Stutchbury und Phoebe Pape, Architekten — Grundstücksfläche: 43 ha, davon 2 ha Olivenhain und 35 ha Urwald; Wohnfläche: 200 m²; überdachte Terrasse: 120 m² — Zeitplan: Planung 2000; Bauausführung Februar 2002 bis Juni 2003 — Konstruktionssytem und Baumaterialien: Holz/Beton-Mischkonstruktion, massive Betonwände im Süden, Tragwerksrahmen aus Karri (Eukalyptus diversicolor, west-australische Holzart); Innenraumverkleidung aus Furniersperrholz mit australischer Hoop-Kiefer (Araucaria cunninghamii); Fensterrahmen aus Merbau (Intsia bijuga), einem sehr feuerbeständigen Tropenholz, mit Pilkington Comfort Plus-Einfachverglasung; Wärme- und Schallisolierung der Dachhaut durch eine Reflexionsfolie (sisilation); Dachabdeckung aus Trapezblech (Stramit longspan, 0,48 mm) mit Colorbond®-Beschichtung; Vordach aus Wellblech (Lysaght Custom Orb ®) mit Colorbond® Beschichtung und 15 mm Zementfaser an der Unterseite; Betonboden, abgesehen von Parkett in Küche und Schlafzimmern aus Eukalyptus tereticornis; Fliesenbelag in Bad und Waschküche, Sandsteinplatten auf der Terrasse — Ökologische Maßnahmen: bioklimatisches Konzept mit Massivwänden in den dienenden Räumen im Süden als Wärmepuffer, konstruktiver Sonnenschutz und natürliche Durchlüftung des gesamten Gebäudes; Tragwerk aus Recycling-Holz mit optimierten Querschnitten aus dem Abbruch eines Lagerhauses in Newcastle; Fensterrahmen aus Merbau-Holz aus einem nachhaltig bewirtschafteten Wald in Papua-Neuguinea; Photovoltaik-Anlage (16 m²) zur Deckung des Strombedarfs; thermische Sonnenkollektoren auf dem Garagendach für das Warmwasser im Sanitärbereich; 100.000 l-Wassertank neben der Garage.

Die Doppelträger mit optimiertem Längsschnitt, die das Vordach aus Wellblech tragen, ermöglichen einen Kragarm von 3,6 m Länge an der Ostfassade.

Garage und Technikräume
liegen in enem Neben-
gebäude im Südosten des
Grundstücks.

Die Veranda bildet eine
Trennung zwischen Wohn-
bereich und Schlafzimmern.

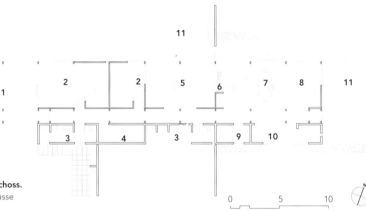

Grundriss Erdgeschoss.
1 Überdachte Terrasse
2 Schlafzimmer
3 Bad
4 Abstellraum
5 Veranda
6 Küche
7 Esszimmer
8 Wohnbereich
9 Vorratskammer
10 Arbeitsbereich
11 Terrasse

0   5   10

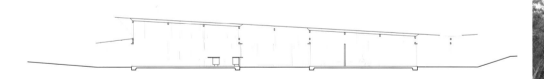

Längsschnitt.

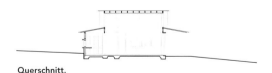

Querschnitt.

Ein energie- und wasserautarkes Haus

Wegen der geringen Bevölkerungsdichte australischer Landregionen, die eine Eigenversorgung mit Wasser und Energie erforderlich macht, wurde das Haus Bangalay als vollkommen autarkes Gebäude konzipiert. Das in einem Stausee gespeicherte Wasser versorgt durch Schwerkraft den Tank im Technikraum neben der Garage südöstlich des Hauses. Die 32 Paneele der Photovoltaikanlage mit einer Leistung von 80 W erzeugen den notwendigen Strom, wobei kompakte Leuchtstoffbirnen und leistungsstarke Geräte zum niedrigen Verbrauch beitragen. Die Solaranlage hat eine Leistung von 10 bis 12 kW im Sommer und 6 bis 7 kW im Winter. Ein Transformator, der direkt von den Kollektoren oder von 24 Gelbatterien à 2 V versorgt wird, wandelt die Energie in Wechselstrom um; ein Dieselgenerator steht für den Bedarfsfall bereit. Die Klimatisierung funktioniert nach bioklimatischen Prinzipien mittels Durchlüftung in Querrichtung und Wetterdächern für den Sonnenschutz. Für Tage mit absoluter Windstille stehen Deckenventilatoren zur Verfügung. Das Wasser aus dem Stausee versorgt eine solarbetriebene Wärmepumpe, die das Haus über Rohrleitungen im Boden beheizt. Ein Holzofen im Heizungsraum übernimmt die Wärmezufuhr, wenn die Leistung der Sonnenenergie nicht ausreicht. Die Wärmezufuhr wird zusätzlich durch einen gusseisernen Kamin im Wohnbereich ergänzt.

Die Öffnungsflügel, die zwischen Decke und Vordach zur Fassade hin orientiert sind, fördern die natürliche Durchlüftung von Süden nach Norden (entsprechend den Verhältnissen in der südlichen Hemisphäre).

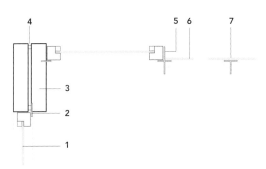

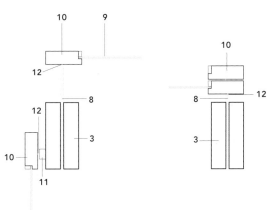

Horizontalschnitte der Verbindungen zwischen festen und mobilen Verglasungselementen und Holztragwerk.
1 Klappflügel Merbau-Rahmen
2 Flachprofil aus Aluminium 3 x 40 mm
3 Doppelstütze aus Eukalyptus-Vollholz je 45 x 200 mm
4 10 mm Zwischenraum
5 Kreuzprofil aus Aluminium 3 x 40 x 80 mm
6 Festverglasung Pilkington Comfort Plus
7 Silikonfuge
8 Stahlsteg 10 mm
9 Schiebeflügel Merbau-Rahmen
10 Kante Schiebeflügel auf Stützkante
11 Holzleiste fixiert 20 x 30 mm
12 Dichtungslippe

Vertikalschnitt Nordfassade.
1 Festverglasung Pilkington Comfort Plus
2 T-Profil aus Aluminium 3 x 40 x 40 mm
3 Flachprofil aus Aluminium 3 x 40 mm
4 Doppelbügel aus Eukalyptus-Vollholz je 40 x 135 mm
5 Stahlsteg 10 mm
6 Wetterdach Lysaght Custom Orb®-Wellblech mit Colorbond®-Beschichtung
7 Dachschalungsbrett 38 x 70 mm
8 Reflexionsfolie Sisilation
9 T-Profil aus galvanisiertem Stahl, 60 x 500 x 500 mm
10 Furnierschichtholz Hoop-Kiefer 10 mm auf Holzleisten
11 Doppelbügel aus Eukaluptus-Vollholz je 40 x 140 mm
12 Dichtung Sikaflex
13 Kupferblech
14 Fenstersturz aus Vollholz 50 x 250 mm
15 Schiebeflügel Merbau-Rahmen
16 Deckleiste aus Holz
17 Moskitonetz

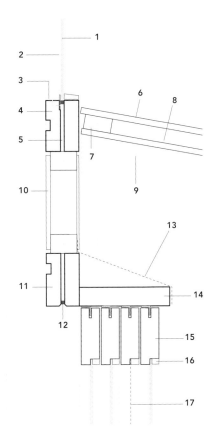

EIN OPTIMIERTES TRAGWERKSYSTEM AUS WIEDER VERWERTETEM MASSIVHOLZ
Peter Stutchbury betrachtet den Einsatz von Holz als ein grundlegendes Element seiner Architektur. Als Ergebnis langer Untersuchungen zeugt das Haus Bangalay hinsichtlich der Tragwerkskonzeption und seiner harmonischen Ästhetik von einem Reifungsprozess. Die scheinbare Einfachheit verbirgt ein hohes Maß an Präzision und viel Feinarbeit, insbesondere an den Verbindungspunkten zwischen den Doppelrahmen und der verglasten Außenhülle, die aus festen und mobilen Elementen besteht. Die beiden Stützen (45 x 200 mm), die die Rahmenpfosten bilden, und die beiden Bretter (45 x 140 mm), aus denen die Rahmenbügel bestehen, sind durch einen Zwischenraum von 10 mm getrennt, in dem Verglasung, Tragwerksverstärkungen oder Verbindungselemente untergebracht werden können. Dieses Verbundsystem bietet zugleich statische Vorteile und Raum für die Verlegung von Stromleitungen.

Villa mit Büro in Espoo, Finnland
Olavi Koponen

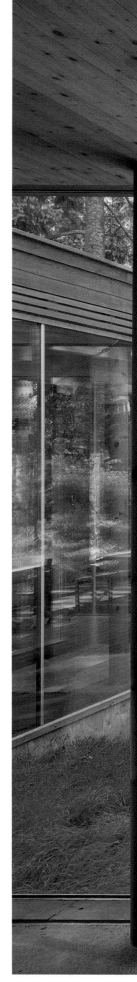
Viele Finnen, deren Kultur noch von der unberührten Natur und dem kalten Klima ihres Landes geprägt ist, haben eine große Affinität zur Materialität der Stoffe und träumen davon, ihr Landhaus aus Holz mit Sauna im Selbstbau zu realisieren. Dieses Bedürfnis ist bei Architekten besonders häufig anzutreffen, die, von Alvar Aalto und seiner Villa in Muuratsalo bis Kristian Gullichsen mit seiner Hütte auf dem Hiittinen-Archipel (siehe Seite 22), den Bau des eigenen Hauses als Experimentierfeld nutzen.

Olavi Koponen gehört zur Nachfolgegeneration dieser großen Architekten. Nachdem er mehrere Sommer lang mit Freunden ein Ferienhaus am Wasser realisiert hatte, wurde nun der Bau seines eigenen Hauses mit Büro in Espoo, einem östlichen Vorort von Helsinki, fertig gestellt. Bei der Beschreibung seiner Arbeit konzentriert sich Olavi Koponen, wie bei seiner Architektur, auf das Wesentliche. Er drückt seine Ideen in wenigen Worten aus, sobald er die Inspiration gefunden hat, und überprüft während des Gestaltungsprozesses immer wieder, ob er seinen Prinzipien treu geblieben ist. Bei diesem Gebäude, in dem er wohnt und arbeitet, wurde der Grundgedanke kompromisslos umgesetzt: „Das Haus besteht aus einem einzigen Raum, in dem Außen und Innen eng miteinander verwoben sind. Die Gärten vermitteln zwischen umbautem Raum und Natur, die voneinander lediglich durch raumhohe, verglaste Wände abgetrennt sind." Das Haus kehrt sich von der Straße und den Nachbarn ab, und öffnet sich nach Westen hin zu einem kleinen Birken- und Fichtenwald. Das Gebäudevolumen besitzt an drei Seiten Aussparungen, die kleine Außenräume für Gärten bilden. Durch diese Volumina werden fünf Haupträume definiert, die lediglich durch Mobiliar oder feine Stoffvorhänge voneinander abgetrennt sind. Die dienenden Bereiche sind in zwei Funktionsblöcken organisiert: Küche, Sanitärräume, Abstellflächen und Heizungsraum im Osten neben dem Eingang, Sauna und WC im Südwesten neben einem privateren Bereich. Das ungefähr 10 m vom Eingang entfernte separate Büro ist mit der südöstlichen Kante des Gebäudes über einen Steg verbunden. Die Wahl des Holzes für Tragwerk und Verkleidung war durch das Grundstück und den Wunsch zum Selbstbau vorgegeben. An der Montage der Rundstützen aus Massivholz, der vorgefertigten Holzrahmenelemente und des Flachdachs war ein Zimmermann beteiligt, die gesamten Verkleidungen hat Olavi Koponen jedoch eigenhändig realisiert.

Die Außenverkleidung aus horizontalen Lärchenbrettern mit Nut- und Feder-verbindung wurde mit einer zweifachen transparenten Lasurschicht aus natürlichen Ölen bestrichen. Im Innenraum schafft die Saunawand, die mit ihren großen gespaltenen Schindeln rustikal wirkt, einen angenehmen Kontrast zu der eleganten, schmalen Holzbrettverkleidung der Decken und der Trennwände. Das sägeraue Fichtenholz ohne Oberflächenbehandlung hat eine lebendige, duftende Oberfläche, die zum Berühren einlädt.

Ort: Espoo, Finnland — Raumprogramm: Ensemble bestehend aus einem Wohnhaus mit fünf multifunktionalen Räumen und zwei Sanitärblöcken sowie einem eigenständigen, über einen Steg erreichbaren Architekturbüro — Bauherr: Olavi Koponen — Planung: Olavi Koponen, Architekt, Espoo — Grundstücksfläche: 1.500 m²; Nutzfläche Haus und Büro: 220 m² — Zeitplan: Planung 2002; Bauausführung Oktober 2002 bis April 2004 (Haus), Mai 2004 bis Dezember 2004 (Büro) — Baukosten: 220.000 EUR — Konstruktionssystem und Baumaterialien: Vollholz-Rundstützen aus Fichte hinter den Glasfronten, vorgefertigte Holzrahmenelemente für Wände und Dach; Bretter von 25 x 145 mm für Außenverschalung (Osmo-Holzschutzlasur) aus sibirischer Lärche mit Nut- und Federverbindung; Decken und Holzverkleidung im Innenraum aus sägerauen Fichtenbrettern (15 x 95 mm) mit Nut- und Federverbindung, abgesehen von Saunawand mit Schindelverkleidung; Dachhaut mit mehrlagiger Abdichtung — Ökologische Maßnahmen: Verbindung von Wohnen und Arbeiten zur Verminderung der Verkehrswege; Gebäudeauflager auf Pfählen zur Erhaltung des natürlichen Bodens und Schutz der Bäume während der Bauarbeiten; Ineinandergreifen von Gebäude und Vegetation; Wahl eines nachwachsenden Materials (Holz) für Tragwerk und Verkleidung; verstärkte Wärmedämmung (15 cm Mineralwolle in den Wänden, 26 cm im Dachaufbau); Glasfront mit Dreifachverglasung und Edelgasschicht mit niedrigem Emissions- und hohem Transmissionsgrad — Technische Ausstattung: Doppelstrombelüftung mit Wärmetauscher für die Abluft, individueller Heizöltank — Thermische Eigenschaften: Glasfront U = 0,8 W/m²K.

Die von einer Glasfront eingefassten Gärten versetzen die Bewohner mitten in die natürliche Umgebung.

Der polierte Betonboden enthält beigemischte Glassplitter von iittala, dem Hersteller der Vasen von Alvar Aalto.

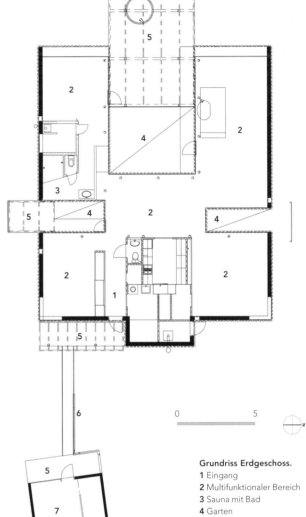

0   5

Grundriss Erdgeschoss.
1 Eingang
2 Multifunktionaler Bereich
3 Sauna mit Bad
4 Garten
5 Terrassen
6 Steg
7 Architekturbüro

Im Außenbereich ist das von Natur aus beständige Kernholz der Lärche durch eine transparente Lasurschicht gegen Witterungseinflüsse und Ultraviolettstrahlung geschützt.

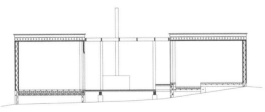
Querschnitt.

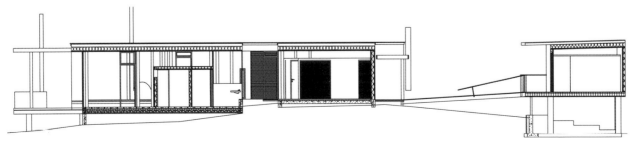
Längsschnitt durch Haus und Büro.

Dorfhaus aus Stein in Cannero, Italien

Pietro Carmine

Der Mailänder Architekt Pietro Carmine nutzte den Bau des eigenen Hauses in seinem Heimatdorf, um seine seit 1985 entwickelte, ökologische Entwurfsstrategie zu vertiefen. Am Fuß des Monte Carza in einer natürlichen Bucht des Lago Maggiore versteckt, liegt das mittelalterliche Dorf Cannero, ein touristisches Reiseziel mit mediterranem Klima, in dem die Häuser in Hanglage zwischen terrassierten Gärten mit Olivenbäumen, Rebstöcken und Zitronenbäumen stufenförmig angeordnet sind. Das Haus wurde auf bestehende Trockensteinmauern gesetzt und liegt zwischen dem mittelalterlichen Uferweg und einer höher verlaufenden Straße aus napoleonischer Zeit. Die Haupt-fassade, die nach Süden zum See hin ausgerichtet ist, erstreckt sich entlang des Fuß-gängerwegs. Das Architekturbüro belegt die drei Räume im Erdgeschoss. Die Wohnung mit ihren zahlreichen Balkonen und Terrassen entwickelt sich über zwei Geschosse in mehreren, ineinander verschachtelten Raumkörpern. Zwei Steintürme rahmen den Wintergarten mit Holztragwerk, der das Wohnzimmer sowie die Essecke im darüber gelegenen Mezzaninbereich überdacht.

Die Arbeit von Pietro Carmine beruht auf einem sogenannten „holistischen" Ansatz, der sich auf eine gründliche Analyse der vielschichtigen sozialen, kulturellen, ökologischen und wirtschaftlichen Kriterien stützt. Bei diesem Projekt zeigt sich dies hauptsächlich in den Materialien, die aufgrund ihrer traditionellen Verwendung in der Region, der geringen zur Herstellung erforderlichen Energiemengen und ihrer Fähigkeit, mehrere Funktionen zu erfüllen, ausgewählt wurden: Die Balkon-Steinplatten aus regionalem Granit zum Beispiel sind gleichzeitig Tragwerk und Verkleidung. Für die Dachterrasse im Westturm wurden monolithische Platten aus Luserna-Stein verwendet, einem Marmor aus dem Nordwesten der italienischen Alpen. Die Bodenplatten weisen eine Stärke von 12 bis 15 cm auf und wurden in einem Gefälle von 2 % verlegt. Um Schäden durch Konden-sationsfeuchtigkeit zu vermeiden, befindet sich zwischen der Dachabdeckung aus Stein-platten und der Deckenverkleidung aus Magnesit-gebundenen Holzfaserplatten eine Hinterlüftungsschicht.

Die Vorsatzwände am Felshang bestehen aus einem Kleiberwerk, einer Mischung aus Lehm und Stroh, das auf ein Geflecht aus Weidenästen und Kastanien-Baumhölzern aufgetragen wurde. Die Küchenwand zum Gefälle ist mit einer Isolierung aus Lehm und Stroh zwischen den Holzpfosten gedämmt. Der Hauseingang liegt unter einem Gewölbe aus wieder verwerteten Backsteinen, das Büroarchiv unter einer Gewölbedecke aus Phyllostachys Viridis Mitis, einem Riesenbambus aus der Umgebung von Cannero, der eine Höhe von 14 bis 18 m erreicht. Die Bambusstiele sind nach einer traditionellen japanischen Technik behandelt: Die Seiten-flächen werden mit einer Flamme bis zum Austreten eines Harzes erhitzt, das durch Polymerisation einen natürlichen Schutzfilm bildet. Der obere Teil des Gewölbes, das eine Weite von 6 m überspannt, wurde mit Pouzzolane-Beton und einer Bewehrung aus Bambusnetzen verstärkt. Außer in den Fundamenten wurden Zement und Stahl durch natürliche, regionale Materialien ersetzt.

Ort: Cannero Riviera, Piemont, Italien — Raumprogramm: Architekturbüro mit angegliederter Wohnung; im Erdgeschoss Büroeingang, Büro und Archiv; im ersten Obergeschoss Eingang, Wohnzimmer mit Kamin, Schlafzimmer, Bad und zwei Balkone; im zweiten Obergeschoss Küche, Esszimmer im Mezzaninbereich und große Terrasse — Bauherr: Pietro Carmine — Planung: Pietro Carmine, Architekt, Mailand; Mitarbeiter Carlo Mazzanobile und Mattia Lupo — Grundstücksfläche: 400 m²; Wohnfläche: 157 m² — Zeitplan: Planung 1987; Bauausführung 2000 — Konstruktions-system und Baumaterialien: Wände aus regionalem Serizzo-Granit zur Ergänzung der bestehenden Mauern, mit einer 8 cm starken Vorsatzwand aus Lochziegeln; Innenputz auf Kalkbasis in Küche und Bad, mit Lehmbasis in den übrigen Räumen; Isolierung aus Holzfaser oder Schafwolle; Innenwände aus Strohlehm; Holzböden und Dachträger aus regionalen Holzarten (Kiefer für den Boden, Eiche und Kastanie für Dach- und Deckenbalken); Bögen im Wintergarten aus Fichten-Brettschichtholz mit Lärchenverkleidung im Außenbereich; Gewölbe über dem Wohnungseingang aus wieder verwerteten Ziegelsteinen; über dem Archiv gewölbte Bambusdecke mit einer Spannweite von 6 m; Dachterrasse des Westturms aus Luserna-Steinplatten (6 m lang, 1 bis 1,2 m breit, 12 bis 15 cm stark), auf halber Materialstärke mit einer Überlappung von 7,5 cm verlegt und einem mittleren Spalt von 1 x 2,5 cm versehen als „schräges Hakenblatt"; Decke unter dem Steindach aus Magnesit-gebundenen Heraklit-Holzfaserplatten (14 cm) — Ökologische Maßnahmen: Nutzung vorhandener Wandabschnitte aus Trockenmauer-werk; Verwendung von regional hergestellten Materialien (Stein, Holz, Bambus) oder Recycling-stoffen (die meisten Trägerbalken sind aus wieder verwertetem Holz); Anwendung bioklimatischer Prinzipien und passive Nutzung der Sonnenenergie (Wintergarten, Lehmwände und Steinmauern mit hoher Wärmespeicherkraft); Gasheizung mit wandintegrierten Heizkörperplatten und Thermostatregler für jeden Raum — Thermische Eigenschaften der Außenwände: U < 0,8 W/m²K — Energieverbrauch: 50 kWh/m²/Jahr.

Das aus regionalem Granit nach überlieferter Bauweise mit Trockenmauerwerk gebaute Haus trägt zur Aufwertung des mittelalterlichen Steinwegs bei, der am Ufer des Lago Maggiore verläuft.

116

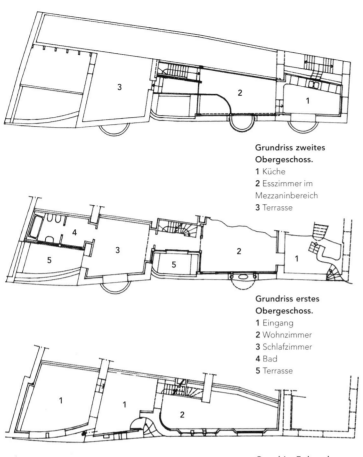

Grundriss zweites Obergeschoss.
1 Küche
2 Esszimmer im Mezzaninbereich
3 Terrasse

Grundriss erstes Obergeschoss.
1 Eingang
2 Wohnzimmer
3 Schlafzimmer
4 Bad
5 Terrasse

Grundriss Erdgeschoss.
1 Büro
2 Archiv

Natürliche, regional verfügbare und gesundheitlich unbedenkliche Materialien wurden bevorzugt eingesetzt: Holz, Bambus, Stein und Lehm.

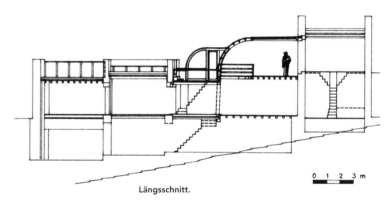

EINE ANDERE WELTANSCHAUUNG

Eine Architektur nach holistischem Verfahren umfasst die Untersuchung des Kontexts, der Situation sozialer, ökologischer und wirtschaftlicher Substrukturen mit ihren eventuellen Entwicklungen sowie der Wechselwirkungen zwischen diesen Faktoren mit einer anschließenden Analyse der positiven und negativen Konsequenzen. Ziel ist es, Vor- und Nachteile zu ermitteln, die durch die geplanten Maßnahmen in menschlicher, ökologischer und finanzieller Hinsicht kurz-, mittel- und langfristig entstehen. Dieser integrative Ansatz wird nicht nur in der Architektur, sondern auch in der Medizin und der Landwirtschaft angewendet.

0 1 2 3 m

Längsschnitt.

Haus aus Stroh und Sandsäcken in London, England

Sarah Wigglesworth und Jeremy Till

Mit robusten und kostengünstigen Materialien, deren ursprüngliche Funktion oftmals verfremdet wird, entwirft Sarah Wigglesworth eine überraschende Architektur ökologischer und energieeffizienter Gebäude. Die Realisierung ihres Hauses mit Büro im Norden Londons bot ihr die Möglichkeit, in einem dicht besiedelten urbanen Kontext mit einer Konstruktion aus Strohballen und Sandsäcken zu experimentieren. Das mit Jeremy Till geplante Projekt bietet nicht nur formale, sondern auch inhaltliche Alternativen: Es soll einen Beitrag zur Wiederbelebung eines sozial schwachen Stadtviertels in der Nähe einer Gleisanlage leisten und die Verbindung von Wohnen und Arbeiten am identischen Ort gewährleisten. Was hier veranschaulicht wird, ist eine andere Art von Stadtleben: Himbeersträucher wachsen auf dem begrünten Dach, und Hühner picken in einem Garten mit Teichbiotop.

Das Projekt wurde auf unkonventionelle Art, aber mit viel Pragmatismus und Sorgfalt hinsichtlich der funktionalen Gliederung, des bioklimatischen Konzepts und der präzisen Konstruktionsdetails angegangen. Das L-förmige Gebäude liegt auf einem rechteckigen Grundstück am Ende einer Sackgasse. Parallel zu den Gleisen ist das Büro von Nordwesten nach Südosten ausgerichtet. Seine zwei Geschosse sind auf Stützen aus Gabionen gelagert, einer Art Korb aus Drahtgeflecht, der mit Betonblöcken von nahe gelegenen Abrissbaustellen gefüllt ist. Um den Lärm der Züge zu dämpfen, wurde die Wand zur Gleisanlage mit gestapelten Säcken aufgedoppelt, die mit einem Gemisch aus Sand, Zement und hydraulischem Kalk gefüllt sind. Die übrigen Wände in Holzrahmenbauweise sind mit eingeblasener Zellulose isoliert und mit einer gepolsterten Membran überzogen.

Der Bürotrakt, der sich über die gesamte Grundstücksbreite ausdehnt, dient dem rechtwinklig angeordneten Wohnflügel als Schallschluckschirm. Der Nachtbereich liegt am nordwestlichen Ende zusammengefasst in einem Kubus auf zwei Ebenen. Der Tagesbereich bildet eine Brücke zwischen Schlafzimmertrakt und Büro. Eine durch das Kegelvolumen der Vorratskammer verlängerte Trennwand grenzt mehrere Abschnitte in diesem großen, offenen Raum ab: Küche, Wohnzimmer, Arbeitsplatz und einen Bibliotheksbereich, der die Basis eines fünfgeschossigen Turms bildet. Das in einen Versammlungsraum umwandelbare Esszimmer dient als Gelenk zwischen Wohnhaus und Büro. Die Schlafzimmer und die Nordostfassade des Wohnzimmers sind durch Strohballen zwischen Holzfachwerk-Stützen isoliert. Diese dicken Wände mit ihren vereinzelten, kleinen Öffnungen sind innenseitig mit einem Kalkputz beschichtet und vor Witterungseinflüssen durch eine hinterlüftete Verkleidung aus Wellblech oder Polycarbonat-Wellplatten geschützt. Die dem Garten zugewandte Südwestfassade des Wohnzimmers ist verglast, um die Sonneneinstrahlung zu nutzen. Der Bibliotheksturm schafft einen Kamineffekt, der den Abzug der Warmluft fördert. Der Wohnbereich bleibt jedoch der am wenigsten temperierte Raum.

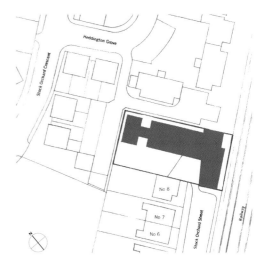

Ort: 9-10 Stock Orchard Street, Islington, London, Großbritannien — Raumprogramm: zweigeschossiges Wohnhaus mit Bibliotheksturm auf fünf Ebenen und Büro auf drei Ebenen. Wohntrakt: im Erdgeschoss Eingang, zwei Schlafzimmer, WC, Technikraum; im Obergeschoss Schlafzimmer mit Ankleideraum und Bad, Wohnzimmer mit Arbeitsbereich, Bibliothek, Küche und Vorratsraum, Esszimmer/Versammlungsraum. Bürotrakt: Eingang im Erdgeschoss; im ersten Geschoss Flur, Büro, Sanitärräume; im zweiten Geschoss Versammlungsraum und Stauraum — Bauherr: für die Wohnung Sarah Wigglesworth und Jeremy Till; für das Büro Sarah Wigglesworth Architects — Planung: Sarah Wigglesworth Architects, London; Sarah Wigglesworth und Jeremy Till, Architekten; Mitarbeiter Gillian Horn und Michael Richards — Statik: Price und Myers — Generalunternehmer: Koya Construction; Bauleitung Martin Hughes — Grundstücksfläche: 800 m²; Wohnfläche: 274 m²; Nutzfläche Büro: 210 m² — Zeitplan: Planung 1997; Bauausführung Oktober 1998; Inbetriebnahme Dezember 2001 — Baukosten: 550.000 £, d.h. ca. 810.000 EUR — Konstruktionssystem und Baumaterialien für das Büro: Stützen aus Gabionen mit wieder verwerteten Betonblöcken; zur Gleisanlage Holzrahmenwand mit einer 20 cm starken Vorsatzwand aus gewebten Polypropylensäcken (Füllung aus Sand, Zement und Kalk); die übrigen Holzrahmenwände mit eingeblasener Warmcell-Zellulose und 25 mm starker „gepolsterter" Verkleidung, Außenmembran aus Silikon-imprägnierter Glasfaser — Konstruktionssystem und Baumaterialien für das Wohnhaus: für Nordostfassade und Schlafzimmer Isolierung aus Strohballen (105 x 49 x 37 cm) zwischen den Holzpfosten, Kalkputz im Innenbereich und hinterlüftete Verkleidung aus Wellblech oder Polycarbonat-Wellplatten; Dachstuhl aus Western Redcedar — Ökologische Maßnahmen: bioklimatisches Prinzip (stark wärmegedämmte Wände im Norden und verglaste Fassade im Südwesten, natürliche Belüftung durch Kamineffekt im Turm und im Vorratsraum); luftdichter Abschluss; Zweifachnutzung; Baustoffe aus wieder verwerteten Materialien (Strohballen, Beton, Zellulose aus Zeitungspapier, Eisenbahnschwellen) oder mit geringem Energieaufwand für die Herstellung (Holz, Sandsäcke); Dachterrasse mit natürlicher Begrünung auf einem Substrat von 15 cm — Spezifische Ausstattung: Heizung und Warmwasser mit Brennwertkesselbetrieb in Verbindung mit einer thermischen Solaranlage (Energieeffizienz 90,4 %, Sedbuk-Tabelle A-Klasse); WC mit Feststoffkompostierung im Wohnhaus und Wasserspülung mit niedrigem Verbrauch im Büro; Regenwasserrückgewinnung in zwei 3.000-l-Tanks, einer für Waschmaschine und WC im Büro, der andere für die Bewässerung von Dachterrasse und Garten — Wärmeenergieverbrauch für das Beheizen von Wohnung und Büro: 38,64 kWh/m²/Jahr (errechneter Verbrauchswert) — Wasserverbrauch: 138 m³/Jahr (für 15 Personen im Büro und zwei im Wohnhaus).

Mitten in der Wellblechverkleidung aus Stahl lassen einige transparente Polycarbonat-Wellplatten die Strohballen durchscheinen.

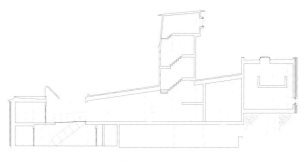

Längsschnitt.

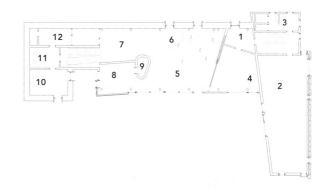

ZWISCHEN INTUITIVER METHODE UND MULTIPLEN ANALYSEKRITERIEN

Für die Gestaltung ökologischer Architektur gibt es verschiedene Methoden. Die erste, eher intuitive Herangehensweise stützt sich auf eine Untersuchung traditioneller Bauformen. Die zweite basiert auf einer Analyse mit Auswertungstabellen und multiplen Kriterien, die häufig in Verbindung mit einem Umweltmanagement in Anlehnung an das ISO 14001-Verfahren durchgeführt wird. Das Projekt in der Stock Orchard Street wurde bewusst auf empirische Weise konzipiert, ohne Analysetabellen und umfangreiche Berechnungen. Die Materialien wurden nicht wegen ihres Innovationswerts, sondern aufgrund von ökologischen Kriterien gewählt: Toxizität, Energiekosten über den gesamten Lebenszyklus, Wiederverwertbarkeit usw. Die Verwendung einer kostengünstigen, leicht auswechselbaren Membranverkleidung steht für eine Entwurfsmethode, die auf einer Aufgliederung des Gebäudes in separate Funktionen beruht: Tragwerk, Verkleidung und dienende Bereiche. Dieses Prinzip ist der holistischen Methode entgegengesetzt, in der Baustoffe bevorzugt werden, die mehrere Funktionen erfüllen (siehe Seite 114, Haus in Cannero). Die experimentelle Entwurfsmethodik dieses Projekts wurde bereits in anderen Realisierungen von Sarah Wigglesworth angewandt. Sie kann auf der Webseite des Büros eingesehen werden (www.swarch.co.uk).

Grundriss erstes Obergeschoss.
1 Flur
2 Büro
3 Sanitärräume
4 Esszimmer/ Versammlungsraum
5 Wohnbereich
6 Bibliotheksturm
7 Arbeitsbereich
8 Küche
9 Vorratsraum
10 Schlafzimmer
11 Ankleideraum
12 Bad

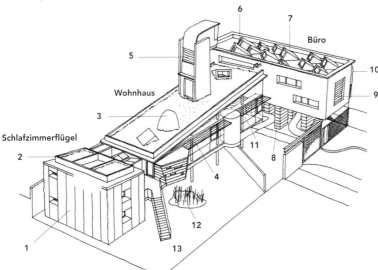

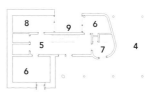

Schema zur Veranschaulichung der ökologischen (teilweise noch nicht realisierten) Möglichkeiten des Gebäudes.
1 Wand aus Strohballen
2 Begrüntes Dach
3 Lüftungsschacht über dem Vorratsraum

4 Horizontaler Sonnenschutz aus Holz (geplant)
5 Natürliche Belüftung durch Kamineffekt im Bibliotheksturm
6 Verglaste Oberlichter im Norden
7 Photovoltaikanlage
8 Stützen aus Gabionen mit Recycling-Betonblöcken

9 Lüftungsgitter mit Lamellen für die Frischluftzufuhr im Büro
10 Wände aus Sandsäcken zur Schallisolierung
11 Zweifachverglasung an der Südfassade
12 Grauwasseraufbereitung im Schlammteichverfahren
13 Gemüsegarten

Grundriss Erdgeschoss.
1 Hof
2 Büroeingang
3 Garten
4 Überdachter Hof
5 Eingang
6 Zimmer
7 WC
8 Technikraum
9 Lichthof

122

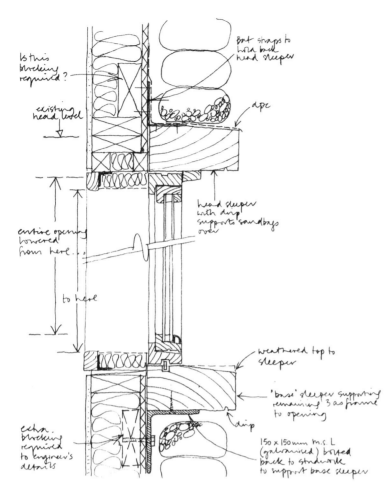

Herstellung der Wand aus Strohballen im Wohnhaus: Die Ballen werden zwischen Holzfachwerkstützen verlegt.

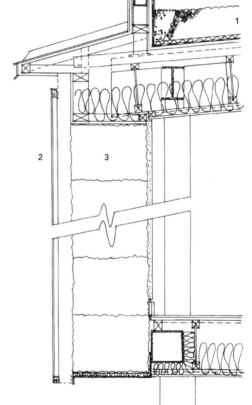

Schnitt durch die Wand aus Strohballen.
1 Begrüntes Dach (Substrat 15 cm)
2 Verkleidung aus Polycarbonatplatten oder Wellblech
3 Strohballen (37 x 49 x 105 cm)

Schnitt durch die Wand aus Sandsäcken im Büro.

Herstellung der zur Gleisanlage gerichteten Bürowand: Eine vorgesetzte Wand aus Säcken mit einer Sand-, Zement- und Kalkfüllung ergänzt die Holzrahmenwand.

BAUEN MIT STROHBALLEN

Stroh ist ein landwirtschaftliches Erzeugnis, das schnell und kostengünstig eingesetzt und im Selbstbau oder von weniger qualifiziertem Personal verarbeitet werden kann. Das bei geringer Umweltbelastung erneuerbare und wieder verwertbare Material besitzt gute thermische und akustische Eigenschaften. Seine Rohdichte dämpft Temperaturschwankungen und ermöglicht eine Phasenverschiebung zwischen Tag und Nacht. Das zugleich weiche und dichte Material sorgt ebenfalls für eine gute akustische Isolierung. Das Bauen mit Stroh wurde in Nebraska vor ungefähr einem Jahrhundert entwickelt. Es beginnt jedoch erst seit 15 Jahren, auch auf anderen Kontinenten Verbreitung zu finden. Die traditionell überlieferte Bauweise besteht darin, die Ballen wie große Bausteine, die zugleich Tragwerk und Isolierung bilden, aufeinander zu stapeln und sie innen- und außenseitig mit Kalk zu verputzen. Dabei ist die Größe der Öffnungen gering zu halten, um die Stabilität des Gebäudes zu gewährleisten. Dieses rustikale Verfahren mag in unserer industrialisierten Gesellschaft als wenig geeignet erscheinen, doch dank der Verbindung der Strohballen mit einem Holztragwerk ist das Bauen mit Stroh derzeit im Vormarsch. Das Projekt von Sarah Wigglesworth Architects in London ist eines der ersten Beispiele für das Bauen mit Stroh im städtischen Raum.

Blockhaus in Tirol, Österreich

Antonius Lanzinger

Österreich ist ebenso für seine malerischen, traditionellen Almhütten wie für seine energieeffiziente und hoch isolierte moderne Holzarchitektur bekannt. Das von Antonius Lanzinger für seine Familie gebaute Haus meidet das eine wie das andere dieser Klischees. Ziel des Architekten, der auch eine Schreinerlehre absolviert hat, war es, „ein zeitgemäßes Blockhaus ohne Tiroler in Lederhose" zu bauen.

Das Haus liegt auf einem Felshang am Rand des Bergdorfs Brixlegg. Das kostengünstig erworbene Grundstück birgt eine Reihe von Nachteilen in sich: Das 35°-Gefälle ist nach Nordwesten ausgerichtet, das Felsgestein tritt an der Oberfläche zum Vorschein, und die Bäume des benachbarten Waldes verdecken im Winter die Sonne. Diese starken Einschränkungen führten zur Festlegung der Gebäudeform: eine geringe Grundfläche von 6 x 8 m zur Minimierung des Fundaments, und ein Gebäude mit Höhenentwicklung, um Sonne und Ausblick zu erhaschen.

Der Sockel aus Stahlbeton wurde verlängert, um im Kellergeschoss ein Bad mit Sauna und einen Lagerraum für Brennholz unterzubringen. Das darüber liegende Turmhaus wurde vollständig in Blockbauweise errichtet. Die Funktionen liegen aufeinander gestapelt, von den öffentlichen zu den privaten Bereichen: Man betritt das Haus im Erdgeschoss über die „gute Stube", das gemütliche österreichische Wohnzimmer, geht zur Küche hinauf, dann folgen die Kinderzimmer, darüber der Elternbereich und schließlich die Dachterrasse.

Die Räume sind um einen zentralen Kern aus Beton organisiert, der Wasserleitungen, Sanitärräume und die Heizungsanlage aufnimmt. Die Raumhöhe variiert je nach Funktion: 5 m im Wohnzimmer, 3,80 m für die Küche, 2,20 m in dem Bereich, den sich die vier Töchter teilen, und 3,50 m im Elternschlafzimmer. Trotz der geringen Grundfläche von 48 m² gehen die Räume nahezu ohne Türen fließend ineinander über. Diese Anordnung entspricht einem erzieherischen Anliegen der Eltern: Das Leben in der Gemeinschaft soll erlernt und der kommunikative Austausch gefördert werden. Die Zukunft wird zeigen, ob sie die richtige Entscheidung getroffen haben.

Das Herstellen von Öffnungen in einem Tragwerk aus gestapelten Holzbohlen stellt zugleich eine technische und eine ästhetische Herausforderung dar: In dem Haus bieten die vereinzelten Fenster Ausblick auf spezifische Elemente der Landschaft, und das Sonnenlicht dringt durch zenitale Öffnungen in den Innenraum ein. Auf der Dachterrasse eröffnet sich schließlich ein Panoramaausblick auf das Inntal und die Tiroler Alpen.

Das Haus wird im Erdgeschoss und im zweiten Obergeschoss mit Keramiköfen beheizt, die an einen Schacht im zentralen Kern angeschlossen sind. Der offene Kamin in der Küche des Zwischengeschosses soll vor allem Behaglichkeit ausstrahlen. 15 m³ Holz reichen im Winter aus, um eine behagliche Wärme zu erzeugen. Die Lanzingers haben deshalb auf die ursprünglich vorgesehene Inneisolierung mit Holzverkleidung verzichtet. Die tragende Außenhülle aus beidseitig sichtbarem Tannenholz verschafft den Bewohnern die Qualitäten einer lebendigen Wand aus „reinem Holz", die atmet und einen angenehmen Duft verbreitet.

Ort: Mariahilfberg 20, 6230 Brixlegg, Tirol, Österreich — Raumprogramm: Wohnhaus auf vier Ebenen für ein Paar mit vier Kindern; Wohnzimmer im Erdgeschoss, Küche und Esszimmer im offenen Halbgeschoss zum Wohnzimmer, Kinderbereich im ersten Obergeschoss, Elternbereich und eine Terrasse im zweiten Obergeschoss — Bauherr: Familie Lanzinger — Planung: Antonius Lanzinger, Architekt, Wörgl — Statik: Konrad Merz, Merz Kaufmann Partner, Dornbirn — Grundstücksfläche: 777 m², Wohnfläche 145 m² — Zeitplan: Planung 2001; Bauausführung November 2001 bis September 2002 — Baukosten: 255.000 EUR brutto (ohne Architektenhonorar), entspricht ca. 1.760 EUR brutto/m² Wohnfläche — Konstruktionssystem und Baumaterialien: Untergeschoss aus Stahlbeton, Hauptgebäude in Blockbauweise, Eckverbindungen durch Verblattung — Ökologische Maßnahmen: Minimale Grundfläche; Aufwertung einer traditionellen Bauweise; Verwendung von regionalen, unbehandelten Holzarten; Ofenheizung mit Brennholz.

Das Tannenholz für die Wände dieses Turmhauses in Blockbauweise stammt aus dem nahe gelegenen Achental.

126

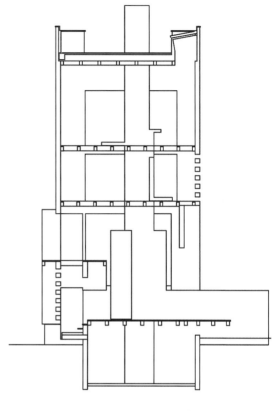

Die vier Ebenen sind durch auskragende Treppenkonstruktionen aus Massiveiche mitein-ander verbunden, die in die Holzbohlenwände eingespannt sind.

Querschnitt.

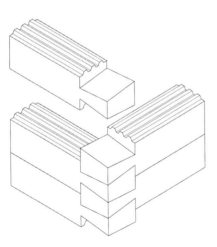

Detail des „Tiroler Schlosses": Die dreifache Nut- und Federverbindung sorgt für die Stabilität und die Abdichtung des Gebäudes.

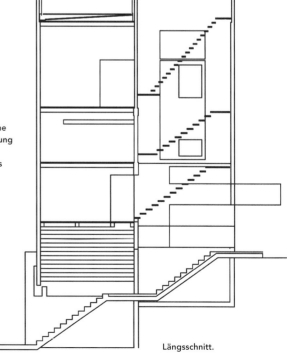

DIE MODERNE VERSION EINER JAHRHUNDERTE ALTEN BAUWEISE

Über dem Untergeschoss aus Stahlbeton erhebt sich die 12,50 m hohe Konstruktion aus Holz-bohlen mit einem Querschnitt von 16 x 18 cm plus 2 cm für die Federverbindung. Das regionale Tannenholz wurde künstlich getrocknet, an den beiden sichtbaren Seiten gehobelt und an der Ober- und Unterseite so verarbeitet, dass eine dreifache Nut- und Federverbindung entsteht, die für die mechanische Verbindung und die Abdichtung sorgt. Die Holzbohlen sind an den Ecken durch eine einfache Schwalbenschwanzverzinkung verbunden, die man in Österreich auch „Tiroler Schloss" nennt. Diese geschickte, symmetrische Verbindung hat die Standardisierung der Bauteile erleichtert, die in der Werkstatt vorgefertigt und auf der Baustelle innerhalb von sechs Wochen von drei Zimmermännern montiert wurden. Die Böden bestehen aus Dreischichtplatten von 3,5 cm, die auf Balken von 12 x 18 cm befestigt sind. Sie bilden zusammen eine druck- und zug-feste Platte, die zur Queraussteifung des Gebäudes beiträgt. Fünf Zugbänder aus Stahl durch-queren die Wände In ihrer gesamten Höhe und verankern das Haus in der Stahlbetonplatte.

Längsschnitt.

128

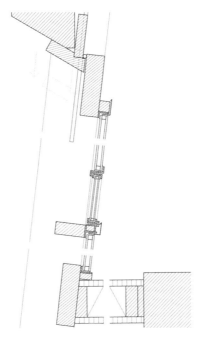

Detail des geneigten Fensters.

1 Elternbereich
2 Kinderbereich
3 Luftraum über Wohnzimmer
4 Küche mit Esszimmer
5 Halbgeschoss
6 Stube
7 Keller
8 WC
9 Bad
10 Brennholzlager

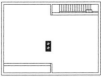

Terrasse.

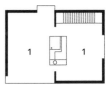

Zweites Geschoss.

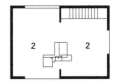

Erstes Geschoss.

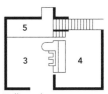

Halbgeschoss.

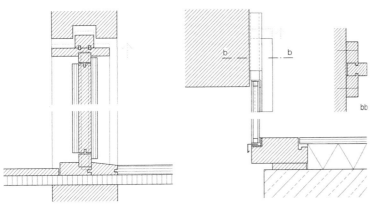

Detail der Verbindung
zwischen Tragwerk und
Türrahmen (Dehnungsfuge
im oberen Bereich).

Detail der Verbindung
zwischen Tragwerk und
Fensterrahmen (Dehnungsfuge
im oberen Bereich).

VORAUSBERECHNUNG DES VERFORMUNGSVERHALTENS

Das Experiment Antonius Lanzingers, das sich die Modernisierung einer traditionellen Bauweise
zum Ziel gesetzt hat, wurde durch geschickte Lösungen des Statikingenieurs Konrad Merz
möglich gemacht. Das Hauptproblem, das sich den Planern stellte, war das Verformungsverhalten
des Holzes. Bei einem viergeschossigen Gebäude ist dieses keinesfalls zu vernachlässigen: Im
ersten Jahr allein hat sich das Gebäude um 15 cm gesenkt. Die Vorausberechnung dieses Vor-
gangs machte es erforderlich, die Holzrahmen für Fenster und Türen sowie den Kern mit den
Rohrleitungen von dem Tragwerk aus Holzbohlen zu entkoppeln. Fenster und Türen sind dem-
entsprechend als selbst tragende Bauteile ausgeführt, die mit ausreichenden Dehnungsfugen
aufgehängt oder seitlich befestigt sind.

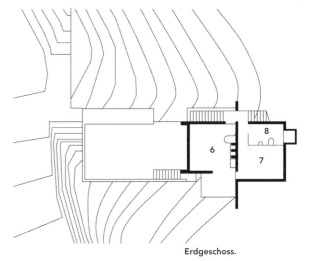

Erdgeschoss.

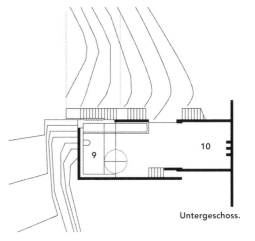

Untergeschoss.

Ferienhaus auf Mount Macedon, Australien
Inarc architects

130

Der Mount Macedon, der 70 km nordwestlich von Melbourne liegt, erreicht eine Höhe von 1.000 m in einer idyllischen Gegend, in der Ackerland und australischer Busch dicht beieinander liegen. Während der langen, kühlen Jahreszeit sinken hier die nächtlichen Temperaturen auf bis zu -4° C. Auf den 12 ha großen Ländereien in Familienbesitz haben die Eigentümer ein Ferienhaus für drei Generationen errichtet, das später einmal zum Hauptwohnsitz werden soll. Die Zugangswege wurden in die Landschaft integriert und die Erdarbeiten auf das Nötigste reduziert, um die Baumwurzeln und die oberen Erdschichten zu schonen.

Der in die Länge gezogene Grundriss ist von der amerikanischen Moderne inspiriert, doch die Verbindung dieser minimalistischen Architektur mit regionalen, rustikalen Materialien deutet auf eine derzeit in Australien aufkommende Tendenz. Das Gebäude wurde auf ein Geschoss reduziert, um mit der Vegetation eine Einheit zu bilden. Auf Stahlpfählen gelagert, setzt es sich deutlich von dem natürlichen Gelände ab, wodurch die Gebäudewartung in dem von Termiten geplagten Gebiet erleichtert wird. In einem bestehenden Gebäude wurden der Gaskessel und die sechs Regenwasserspeicher zur Bewässerung der Grünanlage und zur Brandbekämpfung untergebracht. An der Südwestfassade ist der Eingang durch ein paar Stufen, eine Steinmauer und eine Corten-Stahlwand gekennzeichnet, die von dem auskragenden Dach durch eine Oberlichtverglasung getrennt ist. Die Schwingtür öffnet sich in der Mitte des Flurs, der die drei Bereiche des Hauses erschließt. Sobald man eintritt, wird der Blick von der Landschaft angezogen, die sich hinter dem transparenten Innenhof, zwischen Wohnzimmer und dem Bereich der Eigentümer, abzeichnet. Ein eigenständiges Nebengebäude für die Familie oder Gäste befindet sich am nordwestlichen Ende des Flurs, nahe der großzügigen Terrasse. Die drei Zonen können thermisch und akustisch durch Schiebewände voneinander abgetrennt werden, eine intelligente Anordnung, die es ermöglicht, das Haus an die jeweiligen Nutzungen anzupassen sowie Energieverbrauch und Instandhaltungsmaßnahmen auf das Notwendige zu reduzieren.

Um die Wärmeverluste gering zu halten, sind die Fenster zweifach verglast und die Außenhülle durch zwei Lagen Mineralwolle von je 8 cm mit einer mittleren Luftschicht von 9 cm isoliert. Mithilfe einer geothermischen Anlage zur Nutzung der konstanten Erdwärme konnten die Energiekosten um ca. 65 % gesenkt werden: Ein wassergefülltes, insgesamt 500 m langes, vertikales Rohrleitungssystem reicht bis zu einer Tiefe von 80 m ins Erdreich hinein. Die auf durchschnittlich 13° C stabilisierte Wassertemperatur wird im Winter zum Beheizen und im Sommer für die Kühlung genutzt. Die Wahl der Materialien beruht auf einer Auswertung der für Herstellung und Transport benötigten Energiemengen. Das Eukalyptusholz wurde auf Abbruchbaustellen gesammelt. Der aus einem Steinbruch in der Nähe von Kyneton stammende Basaltstein wurde von einem ortsansässigen Maurer in traditioneller Bauweise verlegt. Stahl, Basalt und Eukalyptus sind edle Materialien; ihr hoher Preis gleicht sich langfristig durch geringe Wartungskosten sowie ihre Unanfälligkeit gegen Termiten und Angriffe der Kakadus aus.

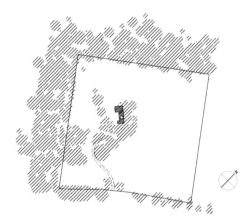

Ort: Mount Macedon, Bundesstaat Victoria, Australien — Raumprogramm: Ferienhaus mit drei Bereichen: Gemeinschaftsbereich mit Wohn-, Esszimmer und Küche; Suite mit Schlafzimmer und privatem Wohnzimmer; drei Schlafzimmer mit eigenen Bädern und Wohnzimmer — Bauherr: privat — Planung: Inarc architects/Reno Rizzo und Christopher Hansson, Architekten, Melbourne; Robert Boyle Landscape Design — Statik: BHS Consultants — Generalunternehmer: Cooper Morrison — Grundstücksfläche: 12,15 ha; Wohnfläche 457 m² — Zeitplan: Planung 2001; Bauausführung Januar 2002 bis März 2003 — Konstruktionssystem und Baumaterialien: Mischkonstruktion Metall/Holz/Stein, Haupttragwerk aus Stahl, zentraler Kern aus Basaltstein, Innen- und Außenverkleidung aus Eukalyptusholz, Alu-Fensterrahmen, Corten-Stahl-Verkleidung an der Südwestfassade — Ökologische Maßnahmen: Pfahlkonstruktion aus Stahl zur Minimierung der Gebäudeeinwirkung auf das Gelände; Trockenmauerwerk aus regionalem Basaltstein in traditioneller Bauweise; 100 % wieder verwertetes Eukalyptusholz für die Außen- und Innenverkleidungen, das Parkett und das Mobiliar; isolierte Außenhülle (Zweifachverglasung und doppelte Lage Mineralwolle); geothermisches Heiz- und Kühlverfahren; Regenwasserrückgewinnung.

In der Mitte des Grundstücks in der Lichtung eines Eukalyptuswaldes gelegen, gibt das Haus zwischen den Bäumen weite Ausblicke auf die Landschaft frei.

Durch Drehen der
Schwingtür eröffnet sich
ein Blick auf die Landschaft,
die sich am Fuß des
Mount Macedon entfaltet.

100 % WIEDER VERWERTETES HOLZ

Unter den 600 erfassten Eukalyptusarten sind nicht alle als Baumaterial geeignet, der australische
Grey Ironbark (*Eucalyptus paniculata*) ist jedoch ein dichtes und hartes Holz, das von Natur aus
gegen Termiten und andere organische Schädlinge resistent ist. Das hier für Außen- und Innenverkleidungen, Parkett und Möbel verwendete Ironbarkholz stammt aus dem Abbruchmaterial
von Schuppen und Militärbaracken. Dieses manchmal hundert Jahre alte Holz ist vollkommen
ausgetrocknet und sehr widerstandsfähig. Es wird von Australian Architectural Hardwoods
(www.aahardwoods.com.au) vertrieben und findet bei australischen Architekten derzeit häufig
Verwendung.

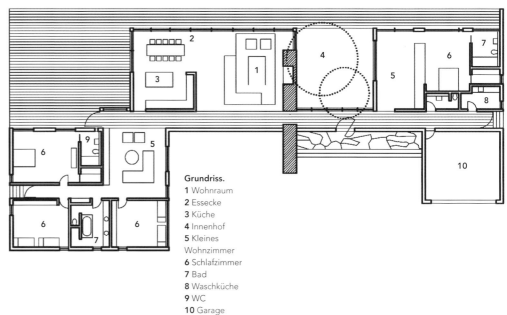

Grundriss.
1 Wohnraum
2 Essecke
3 Küche
4 Innenhof
5 Kleines
Wohnzimmer
6 Schlafzimmer
7 Bad
8 Waschküche
9 WC
10 Garage

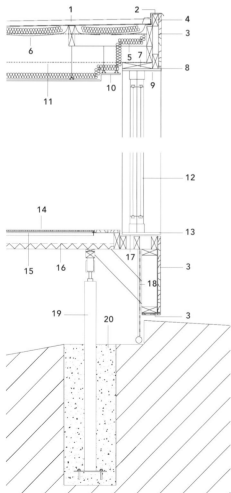

Vertikalschnitt Schlafzimmer.
1 Dachabdeckung Trapezblech
2 Attikaabdeckung Stahlblech
3 Holzbrettverkleidung 20 x 200 mm
4 Vollholz
5 Isolierung aus Mineralwolle
6 Dachpappe
7 Fenstersturz aus Vollholz
8 Aluminium-Profil
9 Aluminium-Rahmen
10 Abgehängte Decke
11 Stahlträger
12 Verglasung mit Aluminiumrahmen
13 Schwellenprofil aus Aluminium
14 Parkettboden
15 Unterboden
16 Isolierung
17 Abdichtung
18 Abdeckgitter Stahlrost
19 Pfahlstütze aus Stahl
20 Betonfundament

Die Mauersteine in unregelmäßigen Größen und Formaten wurden nahezu mörtellos verfugt.

Villa aus Stein bei Valencia, Spanien

Ramón Esteve

Ramón Esteve, der sich an der Südostküste Spaniens niedergelassen hat, schöpft seine Inspiration aus dem traditionellen Hausbau und stützt sich auf dessen Pragmatismus: das Zusammenspiel von Funktion und Nutzung sowie eine dem Material inhärente Konstruktionslogik. Ob aus Backstein, Naturstein oder gekalktem Beton (siehe Seite 46) – er wendet in seinen Häusern die Prinzipien der traditionellen Architektur an, um den Komfort der Bewohner in den oftmals sehr heißen Sommermonaten zu gewährleisten. Seine Übertragung der mediterranen Typologie zeugt von einem äußerst zeitgemäßen Minimalismus.

Dem Besucher, der sich der Nordfassade nähert, bietet dieses in einer Kleinstadt südlich von Valencia gelegene Haus das Bild einer strengen Abfolge von blinden, undurchdringlichen Mauern. Jenseits der Türschwelle verwandelt sich die vermutete Undurchlässigkeit in eine Sequenz fließender Räume, die sich nach Süden dem Garten hin zuwenden. Der gemeinschaftliche Bereich konzentriert sich im westlichen Gebäudeteil. Die vier im Ostflügel von einem innen liegenden Flur erschlossenen Schlafzimmer sind vom Garten her über einen Arkadengang zu erreichen. Drei überdachte Terrassen regulieren die Sonneneinstrahlung und machen zusätzliche Sonnenschutzelemente überflüssig: Die größte liegt südlich vor dem Wohnzimmer in der Achse des Schwimmbeckens, die anderen im Südwesten vor dem Esszimmer und im Westen vor der Küche. Im Sommer sind alle Räume in Sonnenlicht getaucht, doch die Strahlen können nicht direkt in das Haus eindringen, und die Vordächer spenden kühlenden Schatten. Die Wände wurden so gesetzt, dass sie das Gebäude vor Nord- und Westwinden schützen, aber Brisen aus Osten zulassen.

Der Gegensatz zwischen Massivität und Leichtigkeit entspringt einem Streben nach konstruktiver Logik. Das 60 cm starke Mauerwerk aus Naturkalkstein erfüllt mehrere Funktionen: Es ist tragend, beinhaltet technische Installationen und erfüllt die akustischen und thermischen Anforderungen. Seine Wärmeträgheit fördert den sommerlichen Komfort und speichert zur kühlen Jahreszeit die Kaminwärme, wobei die Heizkörper lediglich der Wärmeergänzung dienen. Die Leerräume zwischen den massiven Wandabschnitten sind vom Boden bis zur Decke verglast, über eine Höhe von mehr als 4 m im Wohnbereich und von nahezu 3 m im Schlaftrakt. Derartig großzügige Deckenhöhen sind in Mittelmeerländern weit verbreitet, weil mehr Wert auf die Luftzirkulation im Sommer als auf die Erhaltung der Wärme im Winter gelegt wird. Der Bodenbelag aus geschliffenen, leicht glänzenden Steinfliesen veredelt die raue Oberfläche der Bruchsteine. Die klaren Linien der von Ramón Esteve entworfenen Möbel aus dunklem Holz schaffen einen Kontrapunkt zum rustikalen Mauerwerk. Die Außenanlage wurde mit der gleichen raffinierten Schlichtheit gestaltet: Eine indirekte Beleuchtung wurde in die Mauern integriert, und eine Terrasse aus Kiefernholz rahmt das rechteckige Schwimmbecken.

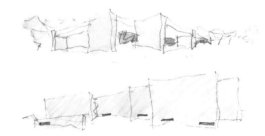

Ort: La Solana, Ontinyent, Provinz Valencia, Spanien — Raumprogramm: Ferienhaus; im Erdgeschoss zentraler Bereich mit Eingang, Wohnzimmer, Esszimmer, Küche und Speisekammer, drei überdachte Terrassen und ein Schlaftrakt mit vier Räumen und zwei Bädern; teilweise Unterkellerung für Tank und Nebenräume — Bauherr: privat — Planung: Ramón Esteve, Valencia, Architektur und Raumgestaltung; Mitarbeiter Angels Quiralte und Juan Ferrero — Statik: Ramón Sanchis — Generalunternehmer: Inrem — Grundstücksfläche: 9.000 m²; Wohnfläche im Erdgeschoss 190 m²; Terrassen: 110 m² — Zeitplan: Planung 1998; Bauausführung 2000 — Konstruktionssystem und Baumaterialien: 60 cm starkes Mauerwerk aus Kalk-Bruchstein; Hohlblockdecke; Außenraumüberdachung aus Weißbeton; Stahlrahmenverglasung; Schiebeläden vor den Schlafzimmern aus Phenolharz-imprägnierten Zelluloseplatten (Prodema) auf Stahlrahmen; Kalksteinfliesen im Innen- und Außenbereich; Türen und Einbaumobiliar aus MDF-Platten (*Medium Density Fiberboard*) mit Wengé-Furnier (*Millettia laurentii*), einem festen, von Natur aus widerstandsfähigen tropischen Laubholz aus Afrika; Terrasse im Schwimmbeckenbereich aus Kupfersalz-imprägnierter Kiefer — Ökologische Maßnahmen: Anpassung an die klimatischen Bedingungen (Berücksichtigung des Sonneneinfallwinkels zu verschiedenen Jahreszeiten und der vorherrschenden Windrichtungen); Wände und Böden mit hohen Materialstärken zur Erhaltung der kühlen Luft; massive Wände aus regionalem Kalkstein in traditionellem Mauerwerksverbund; Regenwasserrückgewinnung auf dem Dach und Speicherung in einem 70.000 l fassenden Tank zur Wasserversorgung des Schwimmbeckens und zur Gartenbewässerung; Anpflanzung mediterraner Baumarten (Zypressen, Lorbeer).

Die integrierten Mauerschlitze im unteren Bereich der massiven Kalksteinwände dienen der indirekten Beleuchtung.

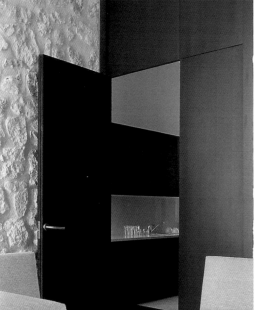

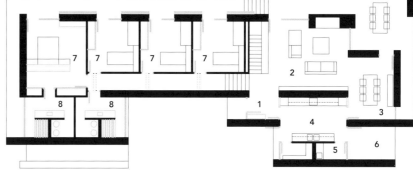

Grundriss Erdgeschoss.

1 Eingang
2 Wohnzimmer
3 Esszimmer
4 Küche
5 Speisekammer
6 Überdachte Terrasse
7 Schlafzimmer
8 Bad
9 Schwimmbecken

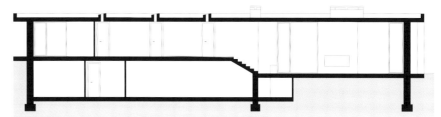

Längsschnitt.

Ferienhaus aus Holz bei São Paulo, Brasilien

Mauro Munhoz

Das Wiederaufleben der Holzarchitektur und die Einführung ökologischer Bauweisen gehen oftmals Hand in Hand. In Brasilien haben der Architekt Marcos Acayaba und der Ingenieur Helio Olga in den 1980er Jahren eine derartige Renaissance ausgelöst. Als Leiter eines Ingenieurbüros und eines Bauunternehmens war letzterer bei der Realisierung mehrerer hundert Projekte beteiligt und hat das Interesse junger Architekten an Trockenbauverfahren aus regionalen Materialien geweckt. Die Realisierungen von Mauro Munhoz sind stellvertretend für eine solche ökologisch vertretbare Holzarchitektur.

Dieses Landhaus, das 100 km nördlich von São Paulo gerade fertig gestellt wurde, soll bald zum Hauptwohnsitz für ein junges Paar mit zwei Kindern werden, die derzeit noch im Zentrum jener Metropole wohnen. Um dieser Entwicklung gerecht zu werden, wurde das Raumprogramm in zwei eigenständige Flügel gegliedert, die um das Schwimmbecken und den Garten ein L bilden und (entsprechend den Verhältnissen in der südlichen Hemisphäre) nach Norden ausgerichtet sind. Das im rechten Winkel zur Straße gelegene Hauptgebäude fungiert als eigenständige Einheit, in der die Nutzungen klar nach Ebenen gegliedert sind: dienende Funktionen im Erdgeschoss, gemeinschaftliche Räume und Kinderzimmer im Gartengeschoss, Elternschlafzimmer im oberen Teilgeschoss am südöstlichen Ende. Der Gästeflügel, der zum Wohntrakt für die Kinder werden soll, liegt rechtwinklig zum Hauptgebäude auf einer Zwischenebene zwischen Garten- und Obergeschoss.

Die außergewöhnliche, sehr bewegte Topografie hat den Entwurf entscheidend bestimmt. Sie bot die Möglichkeit, eine weitgehende Transparenz nach außen mit einer intimen Atmosphäre für die Bewohner zu verbinden. Ein bioklimatisches Konzept, das auf einer genauen Grundstücksanalyse beruht, erlaubte es, den sommerlichen Komfort auf passive Weise sicherzustellen: mit natürlicher Belüftung, Dachüberständen, horizontalem Sonnenschutz, festen oder beweglichen vertikalen Sprossenelementen. Der mit einem Schalendach aus Holz abgedeckte, weitläufige Wohnraum ist an allen Seiten verglast, um von der Landschaft zu profitieren, horizontale Sonnenschutzelemente halten jedoch die Nachmittagshitze ab. Der außen liegende Bereich funktioniert wie eine Veranda: Durch die Abwesenheit von Trennwänden ist er dem tropischen Klima ausgesetzt, vor dem er lediglich durch eine Dachterrasse geschützt ist.

Die Stützmauern und der Kamin bestehen aus Goiás, einem weißen Stein aus einem ungefähr 200 km entfernten Steinbruch. Die Steine sind in unregelmäßigen, einige Zentimeter starken Schichten gemauert, die nach einer *Canjiquinha* genannten, traditionellen Technik verlegt wurden. Darüber ist alles aus Massivholz.

Das Tragwerk, die Verkleidung, der Sonnenschutz, die Terrassen, die Schiebeläden, die Parkettböden, die Decken und die Brüstungsgeländer mit integrierten Bänken sind aus Cumarú gefertigt, einer sehr dichten tropischen Holzart, die im Außenbereich ohne chemischen Holzschutz eingesetzt werden kann.

Ort: Itu, São Paulo, Brasilien — Raumprogramm: Wohnhaus für ein Paar mit zwei Kindern; im Erdgeschoss Garage, Werkstatt, Waschküche, Abstellraum und Wohnung für Hausangestellte; im Gartengeschoss Wohnraum im Innen- und Außenbereich, Esszimmer, Küche, Spielzimmer und Kinderzimmer; im Zwischengeschoss vier Gästezimmer mit WC; im Obergeschoss Elternschlafzimmer mit Bad und Terrasse — Bauherr: privat — Planung: Mauro Munhoz Arquitetura, São Paulo; Mauro Munhoz, Architekt, Mitarbeiter Eduardo Lopes und Fabiana Tanuri; Bauleitung Fernando Alvarenga — Statik und Ausführung des Tragwerks: Helio Olga, Ita Construtora, São Paulo — Grundstücksfläche: 6.472 m²; überdachter Raum (Innen- und Außenbereiche): 626 m² — Zeitplan: Planung 2002; Bauausführung September 2002 bis März 2003 — Baukosten: 720 US $/m²; Gesamtkosten ca. 1.000 US $/m² (inklusive Mobiliar, Außenanlage und Honorare) — Konstruktionssystem und Baumaterialien: Pfosten-Riegel-Konstruktion aus Cumarú auf einem Stahlbetonsockel mit Steinverkleidung — Ökologische Maßnahmen: Berücksichtigung der Topografie, passive Maßnahmen zur Sicherung des sommerlichen Komforts, regionale Bauweisen, Holz aus einem nachhaltig bewirtschafteten Wald.

Der zwischen Wohn- und Esszimmer gelegene Außenbereich öffnet sich zum Garten hin und ist durch einen Dachüberstand geschützt.

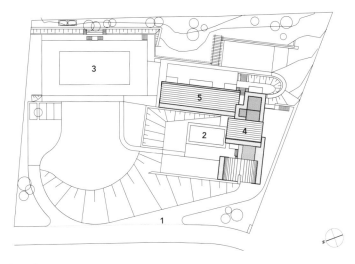

Lageplan.
1 Zufahrtsstraße
2 Schwimmbecken
3 Tennisplatz
4 Hauptgebäude
5 Gästeflügel

HOLZKONSTRUKTIONEN ZUR SPEICHERUNG VON KOHLENDIOXID

Das hier verwendete Cumarúholz stammt aus einem der wenigen nachhaltig bewirtschafteten Bestände in Brasilien, die weniger als 5 % des Amazonas-Waldes ausmachen. Es werden ausschließlich die ältesten Bäume gefällt, um Lichtungen zu schaffen, die die Sonneneinstrahlung und das Nachwachsen junger Bäume begünstigen. Diese absorbieren in der Wachstumsphase CO_2, was zur Minderung des Treibhauseffekts beiträgt. Wenn sich abgestorbene Bäume im Wald zersetzen, wird die entsprechende Menge an absorbiertem CO_2 an die Atmosphäre wieder abgegeben, sodass die Bilanz ihres Lebenszyklus' bei Null liegt. Kommt das Holz im Hausbau zum Einsatz, wird das CO_2 für mehrere Jahrzehnte oder sogar Jahrhunderte gespeichert.

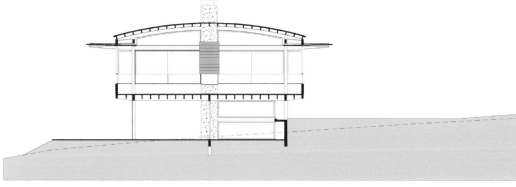

Querschnitt durch das Wohnzimmer.

Das Haus umfasst ein Hauptgebäude, das dem Familienleben eine gewisse Abgeschiedenheit beschert, und einen Trakt, in dem momentan zahlreiche Gäste untergebracht werden können und der den heranwachsenden Kindern in Zukunft die gewünschte Unabhängigkeit bieten kann.

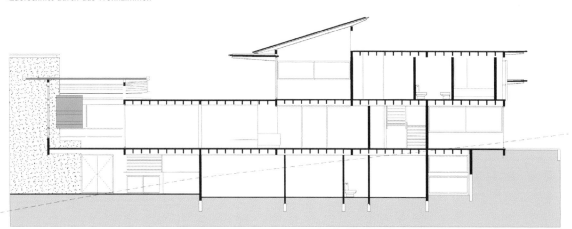

Längsschnitt.

Rechts:
Blick auf das Hauptgebäude vom Gästeflügel (oben).

Die verglaste Stirnwand im Nordwesten (unten links).

Der Gästeflügel mit Südost-Ausrichtung (unten rechts).

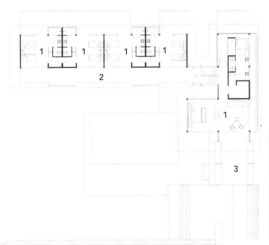

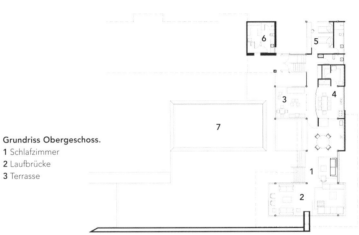

Grundriss Obergeschoss.
1 Schlafzimmer
2 Laufbrücke
3 Terrasse

Grundriss Gartengeschoss.
1 Wohnraum im
  Außenbereich (Veranda)
2 Wohnzimmer
3 Spielzimmer
4 Küche und Essecke
5 Schlafzimmer
6 Sauna
7 Schwimmbecken

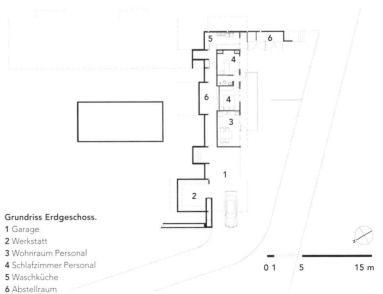

Grundriss Erdgeschoss.
1 Garage
2 Werkstatt
3 Wohnraum Personal
4 Schlafzimmer Personal
5 Waschküche
6 Abstellraum

0 1   5   15 m

Lehmhaus mit Atelier in Bangalore, Indien

Chitra Vishwanath

Bangalore ist ein wissenschaftliches und akademisches Zentrum, das auf Informations-technologien spezialisiert ist, doch die Infrastrukturen in der 6-Millionen-Metropole sind mitunter unzureichend. Seit der Gründung ihres Büros vor 15 Jahren wirkt Chitra Vishwanath bei der Suche nach Lösungen für Umwelt-, Abfall- und Versorgungsprobleme im Bauwesen mit. Ihr Ziel ist es, die ökologischen Auswirkungen eines Gebäudes wäh-rend und nach der Bauphase so gering wie möglich zu halten. Ihr rigoroser Ansatz be-rücksichtigt sämtliche Aspekte einer nachhaltigen Entwicklung: die Wahl der Materialien und die Verwertung von Sonnenenergie, Regenwasser und Grauwasser. Der gesellschaft-liche Aspekt ihrer Herangehensweise, die von den Lehren Mahatma Gandhis geprägt ist, richtet sich an die Verantwortlichkeit des Einzelnen und die Förderung des Gemeinsinns. Der ursprüngliche Anlass für den Bau dieses Hauses bestand in der Begegnung zweier Frauen, die sich für die Aufwertung des menschlichen, natürlichen und kulturellen Erbes ihrer Region einsetzen. Jenny Pinto gestaltet Lampen aus Papier mit eingearbeiteten Pflanzen. Die Herstellung erfordert große Mengen an Wasser, einer knappen Ressource in Bangalore, das auf einer Hochebene in 920 m Höhe liegt, wo die Temperaturen zwischen 15° C und 35° C schwanken. Als sie sich nach der Wiederaufbereitung von Regenwasser erkundigte, traf Jenny Pinto auf Chitra, und das Lehmhaus mit Büro der jungen Architektin gefiel ihr so sehr, dass sie diese mit dem Entwurf ihrer Wohn- und Arbeitsstätte betraute.

Die drei nach Süden orientierten Räume im Erdgeschoss sind für die Papierherstellung vorgesehen; das Atelier mit seiner großzügigeren Deckenhöhe belegt den Westflügel; die Küche, der Wohnraum und ein Schlafzimmer sind im Nordosten untergebracht. In dem von einer Außentreppe erschlossenen Obergeschoss wurde vor das Schlafzimmer eine Veranda gesetzt, die einen Ausblick auf den nahe gelegenen See eröffnet. Ausrich-tung und Größe der Öffnungen wurden so gewählt, dass die direkte Sonneneinstrahlung in den Haupträumen möglichst gering gehalten wird, ohne dabei auf natürliches Licht gänzlich zu verzichten. Die Wärmeträgheit des Lehms begünstigt den sommerlichen Komfort: Die Mauern erwärmen sich langsam im Lauf des Tages und geben nachts die Wärmeenergie wieder ab; der Boden und das Kappengewölbe aus Terrakotta halten die Kühle. Durch eine Öffnung in der Decke des Wohnraums entsteht eine Frischluftströmung, die zur natürlichen Belüftung beiträgt. Das aufgefangene Regenwasser wird für den Haushalt genutzt. Es wird von thermischen Sonnenkollektoren und einem Brennofen beheizt, der pflanzliche Abfälle aus der Papierherstellung verfeuert. Das Grauwasser aus Haus und Atelier wird im Schlammteichverfahren gefiltert und für die Gartenbewässerung genutzt. Die Lampen im Atelier werden von photovoltaischen Modulen mit integrierten Batterien gespeist. Dank dieser einfachen und kostengünstigen Maß-nahmen ist das Haus Pinto nahezu wasser- und energieautark.

Ort: Bangalore, Bundesstaat Karnataka, Indien — Raumprogramm: zweigeschossiges Gebäude zum Wohnen und Arbeiten; im Erdgeschoss um einen Innenhof Küche, Esszimmer, Schlafzimmer, Nebenräume und Atelierräume; im Obergeschoss Schlafzimmer, Loggia, Veranda — Bauherrin: Jenny Pinto — Planung: Chitra Vishwanath, Bangalore — Grundstücksfläche: 1.475 m²; Nutzfläche ca. 300 m² (Atelier, Wohnung, Innenhof, Veranda und Terrassen) — Zeitplan: Planung 2002; Bauausführung April 2002 bis Januar 2003 — Baukosten: 35.000 US $, d.h. ca. 28.530 EUR — Konstruktionssystem und Baumaterialien: Mauern aus komprimierten Lehmbacksteinen, mit 5 % Zement stabilisiert (Backsteinabmessungen: 10 x 17,5 x 23 cm); Stufen der Außentreppe, Verstärkung des Mauerwerks und Fensterstürze aus regionalem Granit; Tragkonstruktion der Böden und der Dachterrasse aus bauseitig gefertigten Kappendecken mit Backsteinen (12,5 x 25 cm) und Stahl-Fachwerkträgern; Schüttung über der Kappendecke aus mineralischen Abfällen (Ziegel-bruchstücke aus einer nahe gelegenen Baustelle und Granitstücke aus einem Steinbruch); Dachabdeckung aus Aluminium-Trapezblech für die Dachschrägen — Ökologische Maßnahmen: Anpassung an das Klima und die Grundstücksbedingungen; Verwendung von regionalen Materialien mit geringem Energieaufwand für die Fabrikation; Herstellung der Backsteine vor Ort aus vorhandenem Lehm; Verwendung von Bauschutt als Füllmaterial; Regenwasserrückgewinnung für den Haushaltsbedarf — Spezifische Ausstattung: photovoltaische Module zur Stromversorgung der Atelierbeleuchtung mit Batteriebetrieb für eine Mindestdauer von vier Stunden; Solarkocher für die Zubereitung von Mahlzeiten; thermische Sonnenkollektoren für das Warmwasser im Sanitär-bereich; unterirdischer 10.000-l-Tank für das Regenwasser, Einleitung über eine Pumpanlage in ein Überkopf-Wasserreservoir zur Verteilung durch Schwerkraft, mit Überlaufbrunnen zur Rückführung in den Grundwasserspiegel; Aufbereitung des Grauwassers durch Schlammteichverfahren (horizontaler Kieselfilter, Schilfrohr und Ultraviolettbestrahlung).

Die Wände im Haus Pinto sind aus komprimierten Lehmbacksteinen gemauert, die Kappendecken im Dachbereich aus gebrannten Lehmziegeln.

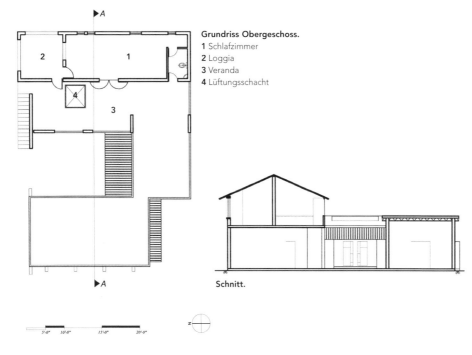

Grundriss Obergeschoss.
1 Schlafzimmer
2 Loggia
3 Veranda
4 Lüftungsschacht

Schnitt.

Der Solarkocher funktioniert durch direkte Nutzung von Sonnenenergie.

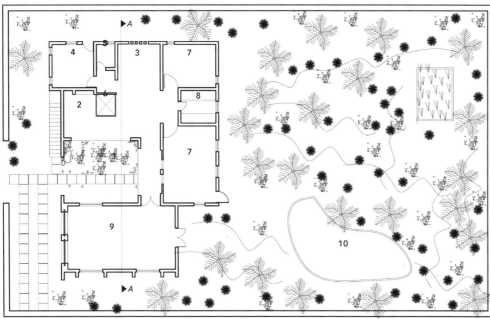

Grundriss Erdgeschoss.
1 Innenhof
2 Wohnzimmer mit Essecke
3 Küche
4 Schlafzimmer
5 WC
6 Lüftungsschacht
7 Papierherstellung
8 Lager
9 Atelier
10 Natürlicher Klärteich

BAUEN MIT LEHMBACKSTEINEN

Das Bauen mit Lehmbacksteinen bietet eine Reihe von Vorteilen in ökologischer, wirtschaftlicher und sozialer Hinsicht. Durch die Verfügbarkeit des Rohmaterials vor Ort sind die Transportwege zwischen Herstellungsort und Baustelle im Allgemeinen gering. Beim Haus Pinto entfielen sie sogar vollständig, da das Rohmaterial vom Grundstück selbst stammt. Der Lehm wurde mit Granitstaub aus nahe gelegenen Steinbrüchen vermischt und mit ca. 5 % Zement stabilisiert. So konnte der Sand vorteilhaft ersetzt werden: Mit einem Transportweg von über 50 km hätte er eine Erhöhung der Baukosten und Umweltbelastungen zur Folge gehabt. Die Herstellung der Backsteine wurde ohne zusätzliche Energiezufuhr durchgeführt: Das Gemisch wurde in einer manuellen Presse verdichtet, dann wurden die Backsteine zum Trocknen zehn Tage lang bei leichter Befeuchtung in die Sonne gelegt, bevor sie verarbeitet wurden. Das Mauerwerk ist mit einem ähnlich zusammengesetzten Mörtel verfugt. Während Abfälle und andere unerwünschte Konsequenzen für die Umwelt nahezu vermieden werden konnten, waren die sozialen Auswirkungen sehr positiv: Schaffung von Arbeitsplätzen in der Region und Qualifizierung durch überliefertes Know-how. Die Herstellung und die Verarbeitung der Backsteine für das Haus Pinto wurden von zwei Gruppen zu sechs Mann durchgeführt. Chitra hat darauf geachtet, dass alle gerecht behandelt und bezahlt wurden und Zugang zu medizinischer Versorgung hatten.

Lichterfülltes Lehmhaus in Phoenix, USA

Marwan Al-Sayed

Der irakische Architekt Marwan Al-Sayed, der seine Kindheit in Marokko verbracht und andere Länder Nordafrikas ausgiebig bereist hat, ist von der Sahara fasziniert, ihrem intensiven Licht und ihrer steinigen Landschaft. Sein von der traditionellen maghrebinischen Architektur inspiriertes „lichterfülltes Lehmhaus" liegt in einer anderen Wüste, auf einem anderen Kontinent. Dieses moderne und elegante „Zelt", das auf einem Lehmsockel befestigt ist, zeigt die Spannung zwischen schwer und leicht, zwischen massiv und luftig. Es befindet sich unweit des Zentrums von Phoenix im Alta Vista Park, einer Wohngegend, in der unter anderem Villen von Frank Lloyd Wright verstreut liegen; Arizona erkor er als Ort für sein Winteratelier, Taliesin West.

Die weit ausgreifende Urbanisierung von Phoenix dehnt sich in einem 300 m hoch gelegenen Wüstenbecken aus, das von Bergen umgeben ist. Das Klima dort ist trocken und heiß, mit durchschnittlichen Temperaturen um 12° C im Januar und 34° C im Juli. Das flache Gelände bietet in nördlicher Richtung einen uneingeschränkten Ausblick auf die Squaw Peak Mountains und die sich am östlichen Horizont abzeichnenden Camelback Mountains. Ein kleiner, häufig ausgetrockneter Bach, auch *Arroyo* genannt, durchquert das Grundstück. Er unterstützt das Wachstum einer einheimischen Pflanzenwelt: Wüsteneisenholz (Olneya tesota), Creosote-Sträucher (Larrea tridentata), Schirmakazien (Cercidium praecox) und Tonnenkakteen (Ferocactus). Dieses eigenartig schöne, felsige Gelände ist ausgedörrt und karg. Um es bewohnbar und behaglich zu machen, hat der Architekt die Innenräume vor Hitze geschützt, indem er die bioklimatischen Prinzipien der nordafrikanischen Architektur anwandte. Mit seiner Südost-Nordwest-Ausrichtung und einer 15°-Abweichung von der Ostwest-Achse ist das Haus vor der Nachmittagshitze geschützt, die mit den schwach geneigten Sonnenstrahlen eindringt. Der Gästepavillon mit seiner Nordost-Südwest-Ausrichtung liegt vor der westlichen Stirnwand und bietet dem Hauptgebäude einen zusätzlichen Schutz. Die textile Membran, die das Haus bedeckt, bildet an der Südfassade einen Überstand von 1,80 m. Das Gebäude liegt wie eine Brücke über dem Arroyo. Zwei monolithische, von vereinzelten Öffnungen durchdrungene Baukörper rahmen das leichte Tragwerk des Wohnraums ein. Sie besitzen dicke Wände aus verdichtetem Lehm, wie die Umfassungsmauer, die längs des von einer Quelle gespeisten Wasserbeckens verläuft. Der massive Block neben dem Einstellplatz für Autos umfasst Eingang, Arbeitszimmer, die Küche und einen Wohnzimmerbereich, der um ein paar Stufen herabgesetzt liegt. Der zweite Baukörper ist den privateren Räumen wie Schlafzimmern und Bad vorbehalten. Zwischen beiden Volumina ist der große Wohn- und Esszimmerbereich über dem Flussbett an beiden Fassaden verglast. Die zweifach isolierverglasten Fensterflügel sind vertikal drehbar, um eine natürliche Durchlüftung in Querrichtung zu begünstigen. Das Vorhandensein von Schatten und Wasser zieht eine bunte und vielseitige Fauna an: Insekten, Vögel und sogar Jackrabbits, große amerikanische Feldhasen. So kommen die Bewohner zugleich in den Genuss einer kühlenden Brise und des vielfältigen Lebens, das in diesem Biotop wimmelt.

Ort: Alta Vista Park, Phoenix, Arizona, USA — Raumprogramm: ebenerdiges Wohnhaus mit Eingang, Arbeitszimmer, Küche, abgetrenntem Wohnbereich, Wohnraum mit Esszimmer, zwei Schlafzimmern, Bad und WC; im zweiten Bauabschnitt Umwandlung des eigenständigen Ateliers in einen Gästepavillon — Bauherr: privat — Planung: Marwan Al-Sayed Architects Ltd, Phoenix — Statik: Douglas Snow and Associates, Phoenix; Dachhaut aus Textilmembran: Mike Ishler, Ishler Design and Engineering, Santa Monica — Grundstücksfläche: 3.870 m²; Wohnfläche Hauptgebäude: 252 m²; Gästepavillon: 126 m² — Zeitplan: Planung 1997; erster Bauabschnitt (Hauptwohnung und Atelier) 1998-2000, zweiter Bauabschnitt (Beckenanlage und Umwandlung des Ateliers in einen Gästepavillon) 2003-2004 — Baukosten: erster Bauabschnitt (teilweise im Selbstbau) ca. 350.000 US $, d.h. ca. 290.000 EUR; zweiter Bauabschnitt 150.000 US $, d.h. ca. 125.000 EUR — Konstruktionssystem und Materialien im Hauptgebäude: leichtes Stahltragwerk im Wohnraumbereich; 46 cm starke Lehmstampfwände (95 % Lehm mit 5 % Portlandzement); zweifache Isolierverglasung; Böden aus eingefärbtem Beton; Dachhaut aus dreilagiger, transluzenter Textilmembran, auf Dreigelenkrahmen aufgespannt — Ökologische Maßnahmen: Berücksichtigung der Besonderheiten des Grundstücks bei der Wahl der Gebäudelage (vorhandener Bach); Erhaltung eines empfindlichen Ökosystems; Anwendung bioklimatischer Prinzipien zur Sicherung des sommerlichen Komforts (Wärmeträgheit des Lehms, natürliche Belüftung); Aufwertung einer überlieferten Technik (Lehmstampfbau); mit Quellwasser gespeistes Becken zur Kühlung der Luft durch Verdunstung.

Das Stahltragwerk der Dachhaut, das Einbaumobiliar und einige Möbelstücke wurden von Marwan Al-Sayed entworfen.

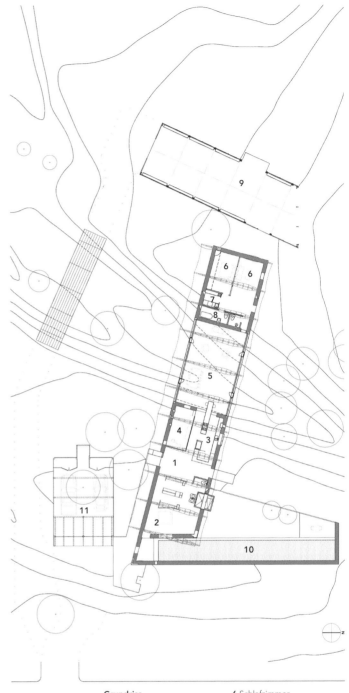

Grundriss.

1 Eingang	**6** Schlafzimmer
2 Arbeitszimmer	**7** Ankleideraum
3 Küche	**8** Bad
4 Abgesenkter Wohnraum	**9** Gästepavillon
5 Wohn- und Esszimmer	**10** Wasserbecken
	11 Einstellplatz

DER LEHMSTAMPFBAU

Der Lehmstampfbau ist eine Bauweise, die es ermöglicht, Lehmhäuser ohne Zugabe von Fasern und ohne Holz- oder Stahlbewehrungen zu errichten. Zwischen zwei Schalwänden mithilfe eines Stampfers verdichtet, kann der Lehm Schicht für Schicht in mehreren Lagen hochgezogen werden. Der so gestoßene und komprimierte Lehm bindet ab, nimmt eine feste Konsistenz an und bildet eine homogene Masse. 1 m³ gestampfter Lehm wiegt annähernd 2 t. Die ca. 50 cm starken Lehmwände besitzen eine gute Wärmespeicher- und Isolierkraft: Sie schützen vor Hitze im Sommer und vor Kälte im Winter. Die Lehmwände dieses Hauses in der Wüste Arizonas sind 46 cm dick und mit 5 % Portlandzement stabilisiert, eine innovative Zusammensetzung, die zur Einhaltung der Bauvorschriften notwendig war.

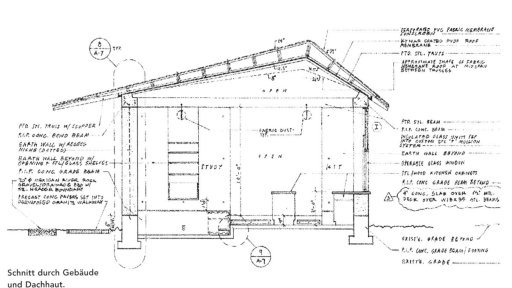

Schnitt durch Gebäude
und Dachhaut.

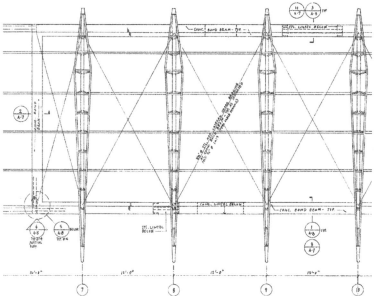

Detailgrundriss der
textilen Dachhaut.

DIE DACHHAUT AUS GESPANNTER MEMBRAN: EINE INNOVATIVE TECHNIK

Eines der starken Momente dieses Projekts ist die Verbindung der Jahrhunderte alten Technik des Lehmstampfbaus mit der modernen Spitzentechnologie einer dreilagigen Textilmembran. Die „fünfte Fassade" des Hauses ist eine leichte und transluzente Dachhaut, die auf einen Drei-gelenk-Stahlrahmen aufgespannt ist. Die obere Schicht der Dachhaut besteht aus einem per-forierten, PVC-beschichteten Stoff (Ferrari France), der an der Südfassade einen Dachüberstand von 1,80 m bildet, einen permanenten Schatten auf die darunter liegende Membran wirft und damit als Schutzhaut dient. Die wasserdichte Mittellage ist lichtdurchlässig. Sie ist mit einem PVDF-Film (Polyvinylidenfluorid) und Kynar®-Harz beschichtet, der gegen Ultraviolettstrahlung, Alterung, Verschmutzung und Lösemittel resistent ist. Die ursprünglich für die Weltraumindustrie entwickelte innenliegende Membran ist zwar transluzent, bildet jedoch eine Barriere gegen direkte Sonneneinstrahlung. Die 15 cm breite Luftschicht zwischen diesen beiden Lagen wirkt als thermische Pufferzone. (Die dritte Lage war zum Zeitpunkt der Fotoaufnahmen noch nicht fertig gestellt.)

Biografien der Architekten

K. Gullichsen · G. Murcutt · J.-L. Rames, L. Gouwy, und A. Grima · M. BLouin · Yung Ho Chang · R. Esteve

Kristian Gullichsen (1932) – FINNLAND
Kristian Gullichsen ist diplomierter Architekt der Technischen Universität von Helsinki, an der er viele Jahre als Lehrbeauftragter war. Nach einigen Praxisjahren bei Alvar Aalto gründete er 1961 sein eigenes Büro. Mit Erkki Kairamo und Timo Vormala, die seit 1973 seine Partner sind, hat er viele umfangreiche Projekte in Finnland und im Ausland realisiert. Wie Alvar Aalto, zu dessen geistigen Erben er zählt, setzt auch er sich für einen menschlichen Maßstab in der Architektur und die Suche nach angemessenen Lösungen für regionale Besonderheiten ein und zeigt Sensibilität für seine finnischen Wurzeln.

Glenn Murcutt (1936) – AUSTRALIEN
In London als Kind australischer Eltern geboren, verbrachte Glenn Murcutt seine frühe Kindheit in Neuguinea, bevor seine Familie in die Bucht von Sydney übersiedelte, wo sich sein 2004 renoviertes Haus befindet. Nach seinem Architekturdiplom am Sydney Technical College arbeitete er in London und unternahm die erste einer langen Reihe von Studienreisen. Mit der Gründung seines Büros im Jahre 1969 begann seine eigenwillige, ganz dem Eigenheim gewidmete Karriere, die 2002 mit dem Pritzker-Preis gekrönt wurde. Glenn Murcutt, der in der ganzen Welt lehrt, leitet jedes Jahr im Juli die internationale Masterklasse an der Universität von Newcastle.

Laurent Gouwy (1953), Alain Grima (1955), Jean-Luc Rames (1952) – FRANKREICH
Laurent Gouwy, Alain Grima und Jean-Luc Rames haben an der École d'architecture in Toulouse studiert und 1978 dort ihre Diplomprüfung abgelegt. Die Preisträger der *Albums de la jeune architecture* von 1988 leiten in Toulouse ein Büro mit zehn Mitarbeitern und legen den Schwerpunkt auf die Arbeit im Team, einen Dialog mit dem Grundstück und eine Funktionalität, die von den rationellen Werten regionaler Architektur inspiriert ist.

Marc Blouin (1956) – KANADA – www.scheme.qc.ca
Seit Beginn seiner professionellen Tätigkeit im Jahre 1980 gilt das besondere Interesse Marc Blouins der Architektur von Wohnhäusern im städtischen Raum. So war er an der Renaissance des Einfamilienhauses in urbanem Gefüge beteiligt, die seit einigen Jahren in Montréal stattfindet. Das Architekturbüro Scheme, das er 1990 mit dem Landschaftsarchitekten François Courville gründete, gehörte zu den ersten Büros in Québec, das Fachleute aus mehreren Disziplinen vereinigte. Für Marc Blouin ist die Anwendung der Prinzipien nachhaltiger Entwicklung ein entscheidender Bestandteil des Projekts und die Garantie für seine Beständigkeit.

Yung Ho Chang (1956) – CHINA – www.fcjz.com
Nach Abschluss des Architektur-Masterstudiengangs an der University of California in Berkeley begann der in Peking geborene Yung Ho Chang 1984 seine berufliche Karriere in den USA. Heimgekehrt, gründete er 1993 in China das Büro Feichang Jianzhu, das er seither leitet. Er ist Dekan des Graduate Center of Architecture an der Universität von Peking und lehrt außerdem an zahlreichen Universitäten Europas, Asiens und den USA. Im Jahre 2000 erhielt er den Kunstförderungspreis der Unesco.

Ramón Esteve (1964) – SPANIEN – www.ramonesteve.com
Nach seinem Architekturdiplom an der Technischen Hochschule von Madrid im Jahre 1990 gründete Ramón Esteve in Valencia ein Büro, dessen Arbeitsfelder sich kontinuierlich erweitern: Innenraumgestaltung, Ausstellungsarchitektur und Möbelserien, Büros, Mehrfamilienhäuser und öffentliche Projekte. Für seine minimalistisch möblierten Villen, die von der mediterranen Architektur inspiriert sind, zeichnet er jedes Detail mit ästhetischem Feingefühl.

H. Dietrich und M. Untertrifaller

W. Sobek

B. Weber und B. Oertli

J. Cutler

B. Anderson

W. Ritsch

M. J. Mayer

Helmut Dietrich (1957) und Much Untertrifaller (1959) –

ÖSTERREICH – www.dietrich.untertrifaller.com

Helmut Dietrich und Much Untertrifaller haben ihr Studium an der Technischen Universität von Wien absolviert. Sie wirkten an mehreren Projekten mit, bevor sie 1994 in Bregenz ihr eigenes Architekturbüro gründeten. Obwohl ihre Arbeit heute weit über die Grenzen Vorarlbergs hinausgeht, bleiben sie der Philosophie der *Baukünstler* treu: „Wir sind weder an formalen Experimenten noch an Sensationsarchitektur interessiert. Unsere Lösungen sind einfach und pragmatisch. Die Vielfalt der Projekte und die Verweigerung einer Spezialisierung auf immer wiederkehrende Bauaufgaben ist für uns von großer Bedeutung und hält uns wach."

James Cutler (1949) und Bruce Anderson (1959) – USA –

www.cutler-anderson.com

Als Absolvent zweier Masterkurse in Architektur an der Universität von Pennsylvania (1971) und im Rahmen des Louis I. Kahn Studio Program (1974) gründete James Cutler 1977 sein Büro. Bruce Anderson, der 1988 seinen Architekturmaster an der Universität von Washington erhielt, gehört seit 1982 zu den zehn Mitarbeitern des Büros, in dem er seit 2001 Partner ist. Die Architektur dieser beiden Praktiker und Lehrer, die auf Landschaften und unberührte Natur besondere Rücksicht nehmen, zeichnet sich durch einen originellen Umgang mit Holz aus.

Werner Sobek (1953) – DEUTSCHLAND – www.wernersobek.com

Nach einem Doppelstudium als Architekt und Bauingenieur von 1974 bis 1980 und einer Doktorarbeit an der Universität von Stuttgart war Werner Sobek zunächst bei Schlaich, Bergemann & Partner tätig. Das 1992 in Stuttgart gegründete Ingenieurbüro mit Filialen in Frankfurt am Main und New York befasst sich mit der Planung von Brücken, Flughäfen und anderen Projekten auf internationaler Ebene. Es wurde 1999 um eine Abteilung für Produktdesign ergänzt, die auf Ausstellungsarchitektur und Stadtmöblierung spezialisiert ist. 1994 hat Werner Sobek den Lehrstuhl Frei Ottos an der Universität Stuttgart übernommen.

Wolfgang Ritsch (1956) – ÖSTERREICH

Da es in seiner Heimatregion Vorarlberg keine Architekturschule gibt, hat Wolfgang Ritsch sein Studium an der Akademie für bildende Künste in Stuttgart absolviert und dort 1982 sein Diplom erworben. In den 1980er Jahren gehörte er zu den Protagonisten der Baukünstlerbewegung, die Vorarlberg später so bekannt gemacht hat. Allein oder mit Kollegen aus der Region hat er viele umfangreiche Projekte realisiert, darunter das Feuerwehrhaus in Dornbirn (1995) und die Schulsporthalle Rieden-Vorkloster in Bregenz (2004). Wolfgang Ritsch war von 1997 bis 2005 Obmann des Vorarlberger Architekturinstituts.

Barbara Weber (1966) und Bruno Oertli (1958) – SCHWEIZ –

www.weber-oertli.ch

Barbara Weber hat ihr Architekturstudium an der ETH Zürich und ein Diplom an der Fachhochschule für Immobilienschätzer SVIT absolviert. Nach einer Lehre als Hochbauzeichner studierte Bruno Oertli Architektur und belegte den Nachdiplomkurs „Aspekte der Bauökologie" am Technikum Winterthur. Mit einer kämpferischen Zielsetzung gründeten sie 1997 als Partner das Büro Weber-Oertli: „Wir wollen Modernität, nicht das, was in Mode ist. Wir suchen nach Lösungen, die den Bedürfnissen und dem Grundstück angemessen sind. Was wir entwerfen, ist einfach, aber nicht banal."

Markus Julian Mayer (1961) – DEUTSCHLAND –

www.index-studio.com

Die Arbeit von Markus Julian Mayer, der von 1980 bis 1987 an der Technischen Universität München studiert hat, ist in einem Bereich zwischen Kunst, Architektur und Soziologie angesiedelt. Bei seiner theoretischen und praktischen Tätigkeit entwickelt er in verschiedenen Maßstäben und in diversen Kontexten ein neues Raumverständnis: seine so genannten „Hybridhäuser", Installationen im öffentlichen Raum und Ausstellungen für die Bayrische Architektenkammer, zu deren engagierten Mitgliedern er zählt.

P. und L. Nitsche

C. Peters

P. Stutchbury

P. Carmine

A. Lubenow

I. Le Garrec und M. Daufresne

O. Koponen

Lua Nitsche (1972) und Pedro Nitsche (1975) – BRASILIEN

Lua Nitsche und ihr Bruder Pedro haben an der Fakultät für Architektur und Städtebau der Universität von São Paulo studiert. Nach mehrfachen nationalen Wettbewerbsteilnahmen in verschiedenen Teams gründeten sie 2002 gemeinsam ein Büro. Mit besonderem Bewusstsein für städtische Probleme wirken sie bei sozialen Wohnungsbauprojekten in São Paulo mit. Ihre Vision einer nachhaltigen Entwicklung ist sehr idealistisch: „In der Wildnis ist ökologisches Bewusstsein eine Garantie für das Leben der Tiere in Freiheit, ohne Gefangenschaft, und die Entwicklung der Pflanzenwelt ohne die Zerstörung von Wäldern oder die Begradigung von Flüssen. In der ökologischen Architektur garantieren großzügige und fließende Räume, die aus einem Minimum an Material gefertigt sind, die Freiheit der Menschen. Ökologische Architektur ist die Architektur der Freiheit!"

Anke Lubenow (1967) und Carsten Peters (1963) –

DEUTSCHLAND – www.bau-energie.de
Anke Lubenow ist seit dem Jahr 2000 Partnerin in der 1997 von Carsten Peters gegründeten Planungsgruppe Bau + Energie. Ihre Methode der „integrierten Planung" basiert auf einem interdisziplinären Austausch, der Beteiligung der Nutzer und einer engen Zusammenarbeit mit Fachingenieuren. Zu ihren Arbeitsgebieten gehören Niedrigenergiehäuser sowie Renovierungen und Umbauten zum Teil denkmalgeschützter Bestände unter Erhöhung der Energieeffizienz.

Marc Daufresne (1952) und Ivan Le Garrec (1955) –

FRANKREICH
Ivan Le Garrec absolvierte sein Studium an der École d'architecture in Paris-La Villette, Marc Daufresne an der École d'architecture Paris-La Seine, an der er von 1985 bis 1992 auch lehrte. Die Mitbegründer des Büros Daufresne, Le Garrec & associés (1990) sind Mitglieder der *Association des Architectes Français à l'Export* (Afex). Der Ausgangspunkt eines Projekts ist für sie „die Untersuchung, die Wahrnehmung und die Aufnahme dessen, was der Ort aussagt, die Entzifferung der Geschichten, die ihn bevölkern und die im Stillen eine neue Existenz in dem zukünftigen Projekt beanspruchen. Architektur planen bedeu-

tet nicht, einen Fremdkörper auf ein Grundstück zu setzen, sondern eine neue Episode in einer bereits existierenden Umgebung zu schaffen und das Streben der Menschheit nach einer gastlicheren Welt fortzuführen."

Peter Stutchbury (1954) – AUSTRALIEN

Nach seinem Diplom an der Universität von Newcastle (Australien) im Jahre 1978 gründete Peter Stutchbury 1981 ein Büro, das er mit seiner Frau Phoebe Pape leitet. „Stutch" fügt seine Gebäude unter Berücksichtigung des Klimas und mit besonderem Respekt für die Natur in die unberührten Landschaften seines Landes ein. In der Tradition Glenn Murcutts und Richard Leplastriers, mit denen er seit 2001 in der internationalen Masterklasse an der Universität von Newcastle lehrt, gehört er zu den Protagonisten einer neuen Generation ökologisch bewusster Architekten in Australien.

Olavi Koponen (1951) – FINNLAND

Olavi Koponen, der im Osten Finnlands geboren ist, war in den 1970er Jahren aktiver Kommunist, bevor er nach Moskau ging, um Politikwissenschaften zu studieren. Nach der Rückkehr in sein Land gab er diese Aktivitäten auf und begann an der Architekturhochschule von Tampere sein Studium, das er 1993 abschloss. 1990 gründete er in Helsinki sein Büro, beschloss jedoch nach einem Herzinfarkt, seinem Leben einen neuen Schwerpunkt zu geben. Seitdem befasst er sich mit der Planung, Umsetzung und Finanzierung seiner Projekte: Sein Haus mit Büro ist das erste von vier ökologischen Wohnhausprojekten.

Pietro Carmine (1934-2005) – ITALIEN

Der 1965 an der Architekturhochschule von Venedig (IUAV) diplomierte Pietro Carmine gründete 1972 in Mailand sein Büro für Architektur und Städtebau. Ab 1985 konzentrierte sich seine Arbeit auf nachhaltige Entwicklungen. Er bezeichnete seinen Ansatz, den er auf zahlreichen Kongressen vorstellte, als *culture of sustainability*. Sein Haus in Cannero ist die Konkretisierung dieser „holistischen" Bauweise.

S. Wigglesworth

C. Hansson und R. Rizzo

C. Vishwanath

A. Lanzinger

M. Munhoz

M. Al-Sayed

Sarah Wigglesworth (1957) – GROSSBRITANNIEN –
www.swarch.co.uk
Sarah Wigglesworth hat bei vielen Kollegen in Großbritannien und den USA gearbeitet, bevor sie 1994 Sarah Wigglesworth Architects gründete. Jeremy Till ist ihr Partner im Leben, im Büro und an der Universität von Sheffield, wo sie beide Professoren sind. Ihre Arbeit stützt sich auf theoretische Forschungen und zahlreiche kämpferische Veröffentlichungen: „Wir glauben an das Zuhören, an Forschung, Zusammenarbeit und Innovation… Unser Ziel ist eine Architektur, die über die Erwartungen unserer Kunden hinausgeht. Dabei nehmen wir ihr Budget und ihre Zeit sehr ernst. Wir sind für Alltag statt Ikone, rau und weich statt nur weich, für zu viele Ideen statt für gar keine."

Antonius Lanzinger (1962) – ÖSTERREICH
Antonius Lanzinger absolvierte vor seinem Architekturstudium an der Technischen Universität Innsbruck eine Tischlerlehre. Nach mehrfacher Zusammenarbeit mit Berufskollegen hat er 1996 sein eigenes Büro gegründet. Die Prinzipien dieses Handwerkers und Architekten: „Traditionelle Bauweisen analysieren. Über eine Neuinterpretation dieser einfachen, wirtschaftlichen und intelligenten Techniken nachdenken. Abstand nehmen von der Ideologie des Passivhauslabels und der Technik, die sie begleitet."

Reno Rizzo (1958) und Christopher Hansson (1954) –
AUSTRALIEN – www.inarc.com.au
Inarc ist ein Büro für Architektur und Innenraumgestaltung mit Sitz in Melbourne, das von dem Architekten Reno Rizzo und dem Innenarchitekten Christopher Hansson geleitet wird. Das für seine interdisziplinäre Praktik bekannte Büro plant seit zehn Jahren Eigenheime, verdichteten Wohnraum, Inneneinrichtungen und Ausstellungsarchitekturen in einem als „zeitgemäß mit viel menschlicher Wärme" beschriebenen Stil.

Mauro Munhoz (1959) – BRASILIEN
Mauro Munhoz ist Absolvent der Fakultät für Architektur und Städtebau in São Paulo, an der er ebenfalls einen Masterkurs über ökologische Stadtstrukturen besuchte. Das Eigenheim gehört zu den Hauptaufgaben seines 1986 gegründeten Büros, doch realisiert er ebenso städtebauliche Projekte: Seine nach ökologischen Gesichtspunkten vorgenommene Umstrukturierung des öffentlichen Raums im Seebad Parati wurde mehrfach ausgezeichnet. „Unsere Arbeitsweise konzentriert sich auf die Einbeziehung projektspezifischer Eigenschaften: die physischen Besonderheiten eines Grundstücks, das technische Know-how der Handwerker, die Lebensweise und kulturellen Bezugspunkte der Bewohner. Das poetische Potential des Architekten wird durch diese genaue Betrachtung der Grundstückseigenschaften nicht eingeschränkt, sondern gefördert."

Chitra Vishwanath (1962) – INDIEN – www.inika.com/chitra
Seit 1998 befindet sich das 1990 von Chitra Vishwanath in Bangalore gegründete Büro in kontinuierlichem Wachstum: Zur Zeit beschäftigt sie über zehn Mitarbeiter. In 15 Jahren hat sie 400 Häuser und öffentliche Gebäude realisiert und dabei stets auf den Einsatz innovativer Umweltmaßnahmen geachtet. Um die Einwirkung des Gebäudes in die Ökologie während und nach der Bauphase so gering wie möglich zu halten, achtet sie auf eine angemessene Wahl der Techniken und Materialien und auf freundschaftliche Beziehungen zu den Kunden und den Bauarbeitern.

Marwan Al-Sayed (1962) – USA – www.masastudio.com
Der während seiner Jugend in die USA emigrierte, irakische Architekt Marwan Al-Sayed studierte am Vassar College Architektur und Kunstgeschichte und schloss sein Studium 1986 mit einem Mastertitel in Architektur an der Columbia University ab. Nach zwölfjähriger Berufspraxis in New York gründete er 1997 mit seiner Frau Mies Grybaitis „ein kleines, designorientiertes Büro". Für ihn steht „das Licht im Mittelpunkt des Entwurfsprozesses. Es ist eine Sprache, die ein Künstler verstehen und die ein Kind nachempfinden kann."

Quellennachweise und Bibliografie

Internetseiten

Ökologisches Bauen

www.assohqe.org
Internetportal des HQE®-Verbands.
www.batirecologique.com
www.batirsain.free.fr
www.biohabitat.free.fr
Erläuterungen zu alternativen Bauweisen.
www.ecobuildnetwork.org
www.ecoconcept.org
www.eco-logis.com
Baumaterialien und Verarbeitung.
www.greenbuilder.com
www.ideesmaison.com
www.inti.be/ecotopie
Nachhaltige Architektur und Stadtplanung.
www.oebw.at
Über ökologisches Bauen und Wohnen
www.oekologischesbauen.de
www.qem.fr
Zur Umweltverträglichkeit von Baumaterialien.
www.umweltberatung.org/infobaumarkt

Bauen mit Lehm

www.adobebuilder.com
Lehm im Selbstbau.
www.craterre.archi.fr
Internetportal des internationalen Zentrums für Lehmbau an der *École d'architecture de Grenoble*.
www.dachverband-lehm.de
www.eartharchitecture.org
www.moderner-lehmbau.com

Bauen mit Stroh

www.baubiologie.at/asbn.htm
www.fasba.de
Fachverband Strohballenbau Deutschland e.V.
www.lamaisonenpaille.com
www.strawbalefutures.org.uk
Ein technischer Ratgeber über das Bauen mit Stroh ist auf dieser Internetseite zum Herunterladen bereitgestellt.

Bauen mit Holz

www.argeholz.de
Arbeitsgemeinschaft Holz e.V.
www.bois-construction.org
Internetportal des *Comité national pour le développement du bois* (CNDB).
www.bois-foret.info.com
Internetportal der französischen Holzindustrie.
www.bois-habitat.com

Internetportal des belgischen Verbands *Bois et habitat.*
www.centrum-hout.nl
Niederländisches Informationszentrum für den Baustoff Holz
www.dataholz.com
ProHolz, Arbeitsgemeinschaft der österreichischen Holzwirtschaft.
www.holz-bois.ch
Holzindustrie Schweiz
www.infoholz.de
Internetportal der deutschen Holz- und Forstwirtschaft.

Wohnen und Gesundheit

www.afsse.fr
Internetportal der *Agence française de sécurité sanitaire environnementale.*
www.air-interieur.org
Internetportal des französischen Forschungsinstituts für Raumluftqualität.
www.apug.de/leben
Aktionsprogramm Umwelt und Gesundheit
www.gesundes-wohnen.de
www.gesundheit-aktuell.de/Gesundes_Wohnen.41.0.html
www.inies.fr
Französische Datenbank zu den ökologischen und gesundheitlichen Eigenschaften von Baustoffen.

Erneuerbare Energien und Energie sparen

www.bee-ev.de
Deutscher Bundesverband Erneuerbare Energie e.V.
www.bsi-solar.de
Deutscher Bundesverband Solarindustrie
www.energie-atlas.ch
www.german-renewable-energy.com/www/main.php
www.negawatt.org
Internetportal des Négawatt-Verbands.
www.outilssolaires.com
Glossar nicht nur zum Thema Solarenergie.
www.pac.ch
Zum Thema Wärmepumpen.
www.solarserver.de
Zum Thema Solarenergie
www.solarinfo.de
Zum Thema Solarenergie.
www.wind-energie.de
Deutscher Bundesverband WindEnergie e.V.
www.50-solarsiedlungen.de
Beschreibung mit Abbildungen von 50 Solarsiedlungen, als PDF herunterladbar.

Passivhauslabel und Minergie

www.casaclima.it
Italienisches Internetportal zum Passivhauslabel.
www.cepheus.de
Internetportal zum Passivhausstandard in fünf europäischen Ländern.
www.minergie.ch
Mehrsprachiges Schweizer Internetportal über das Minergie-Qualitätslabel.
www.passiv.de
Internetportal des Passivhausinstituts.
www.passivehouse.at
Österreichisches Internetportal zum Thema Passivhaus, Bauökologie und Klimaschutz.

Vorarlberg

www.energieinstitut.at
Internetportal des Vorarlberger Energieinstituts.
www.v-a-i.at
Internetportal des Vorarlberger Architekturinstituts.

Bibliografie

Ökologische Architektur

Daniel D. Chiras, *The Natural House. A Complete Guide to Healthy, Energy-efficient, Natural Homes*, Green Publication, Chelsea, 2000.

Klaus Daniels, *Technologie des ökologischen Bauens. Grundlagen und Maßnahmen, Beispiele und Ideen*, Birkhäuser, Basel, Boston, Berlin, 2. aktualisierte und erg. Auflage, 1999.

Suzanne und Pierre Déoux, *Le Guide de l'habitat sain. Habitat, qualité, santé, pour bâtir une santé durable*, Medieco, Andorra, 2. Auflage, 2004.

Dominique Gauzin-Müller, *Nachhaltigkeit in Architektur und Städtebau. Konzepte, Technologien, Beispiele*, Birkhäuser, Basel, Berlin, Boston, 2002.

Philippe Lécuyer (Hrsg.), *Guide de l'habitat écologique*, Editions du Fraysse, Monclar-de-Quercy, 2004.

Amerigo Marras, *Eco-tec. Architecture of the In-between*, Princeton Architectural Press, New York, 1999.

Sue Roaf, Manuel Fuentes, Stephanie Thomas, *Ecohouse. A Design Guide*, Architectural Press, Oxford et al., 2001.

James Wines, *Grüne Architektur*, Taschen, Köln, 2000.

Niedrigenergiehäuser und Solararchitektur
Wolfgang Feist, *Das Niedrig-Energie-Haus*, C. F. Müller, Karlsruhe, 1996.

Anton Graf, *Das Passivhaus. Wohnen ohne Heizung*, Callwey, München, 2000.

Thomas Herzog, *Architektur + Technologie. Architecture + Technology*, Prestel, München, 2001.

Jean-Pierre Oliva, *L'Isolation écologique. Conception, matériaux, mise en oeuvre*, Terre vivante, Mens, 2001.

H. R. Preisig, W. Dubach, U. Kasser, K. Viriden, *Ökologische Baukompetenz. Handbuch für die kostenbewusste Bauherrschaft von A bis Z*, Werd, Zürich, 1999.

Holger Reiners, *Energie effektiv nutzen. Die besten Einfamilienhäuser*, Deutsche Verlags-Anstalt, Stuttgart, München, 2002.

Thierry Salomon und Claude Aubert, *Fraîcheur sans clim'. Le guide des alternatives écologiques*, Terre vivante, Mens, 2004.

Christian Schittich (Hrsg.), *Solares Bauen. Strategien, Visionen, Konzepte*, Birkhäuser, Basel, Boston, Berlin, 2003.

Astrid Schneider (Hrsg.), *Solararchitektur für Europa*, Birkhäuser, Basel, Boston, Berlin, 1996.

Catherine Slessor, *Eco-Tech. Umweltverträgliche Architektur und Hochtechnologie*, Gerd Hatje, Ostfildern, 1997.

Architektur aus natürlichen Baustoffen (Holz, Lehm, Stroh)
Dominique Gauzin-Müller, *Construire avec le bois*, Le Moniteur, Paris, 1999.

Dominique Gauzin-Müller, *Neue Wohnhäuser aus Holz. 25 internationale Beispiele*, Birkhäuser, Basel, Berlin, Boston, 2004.

Thomas Herzog, Julius Natterer, Michael Volz, *Holzbau Atlas Zwei*, Birkhäuser, Basel, Boston, Berlin, 2001.

Otto Kapfinger, *Martin Rauch. Rammed Earth / Lehm und Architektur / Terra cruda*, Birkhäuser, Basel, Boston, Berlin, 2001.

Gernot Minke, Friedemann Mahlke, *Building with Straw. Design and Technology of a Sustainable Architecture*, Birkhäuser, Basel, Berlin, Boston, 2005.

André Ravéreau, *L'Atelier du désert*, Parenthèses, Marseille, 2003.

Naomi Stungo, *La Nouvelle Architecture du bois*, Le Seuil, Paris, 1999.

Monografien zu in diesem Buch behandelten Architekten
Philip Drew, *Peter Stutchbury*, Pesaro Publishing, Sydney, 2000.

Françoise Fromonot, *Glenn Murcutt*, Gallimard, Paris, 2003.

Sheri Olson, *Cutler Anderson Architects*, Rockport, Gloucester, 2004.

Walter Zschokke, *Helmut Dietrich/Much Untertrifaller*, Springer, Wien, 2001.

François Bastien: 36, 38
Brett Boardman: Umschlagvorderseite, 103 bis 105, 106 o, 107
Anthony Browell:
9 u, 11 r, 26 bis 31, 154 (2. Bild)
Earl Carter: 157 (3. Bild)
CAUE du Lot: 32, 34 o, 35
Peter Clarke Latitude: 131 bis 133
Damien Daufresne: 156 (4. Bild)
Thomas Drexel: 53, 54 o, 55
Eco-tec/Andreas Froese: 10
Ramón Esteve: 46 bis 51, 135 u
Jacques Évrard: 16 l
Cristine Fiorentini (stylisme Giuliana Zoppis): 114, 115, 116 o, 117
Freiburg Futour: 14
Art Grice: 12, 56 bis 61
Kristian Gullichsen: 23
Roland Halbe: 62-63, 65 bis 67
Thilo Härdtlein: 81 bis 85
Didier Heckel: 37, 39
Johannes Henz: 75 bis 79
Jari Jetsonen: 22, 24 m und u, 25 ul und ur
Andreas Keller: 16 r
Bruno Klomfar: 69 bis 73, 155 (1. Bild)
Nelson Kon: 15, 87 bis 89, 138-139, 141 bis 143
Ignacio Martinez: 9 m
Pier Maulini: 144, 145, 147
Vincent Monthiers: 96 bis 101
Stefan Müller-Naumann/Artur: 9 o
Philippe Nolet: 154 (4. Bild)
Pere Planells: 135 o, 136, 137
Benoît Reitz: 54 u
Satoshi Asakawa: 41 bis 45
Paul Smoothy: 119 bis 121, 123
Jussi Tiainen: 108-109, 110 bis 113
Bill Timmerman: 148 bis 153
Patrick Tournebœuf/Tendance floue: 33, 34 m und u
Rauno Träskelin: 20-21, 24 o, 25 o
Günter Richard Wett: 124 bis 129
Michael Wiedemann: 91 bis 95
Sarah Wigglesworth architects: 122
Rechte vorbehalten: 106 u, 116 u, 140, 146, 154, 155, 156, 157

Grafiken:
S. 8: David Wright, *Manuel d'architecture naturelle*, Parenthèses, Marseille, 2004; Originaltitel von 1979, *Soleil, Nature, Architecture*.
S. 92: Bruno Peuportier, *Eco-conception des bâtiments, bâtir en préservant l'environnement*, Presses de l'Ecole des Mines, Paris, 2003.

159